SATÁN
UNA AUTOBIOGRAFÍA

Kabbalah Centre Publishing es una unidad de negocio registrada de Kabbalah Centre International, Inc.

Para más información:
The Kabbalah Centre
155 E. 48th St., New York, NY 10017
1062 S. Robertson Blvd., Los Angeles, CA 90035

Número gratuito en Estados Unidos: 1 800 KABBALAH
kabbalah.com

Distribuidor para América Latina
EDICIONES Y DISTRIBUCIONES DIPON LTDA
Telefax: +(571) 2766440-5410592
Email: edicionesdipon@outlook.com / victor.cangrejo@edicionesdipon.com

Distribuidor para México
CANGREJO & ALJURE S.A. DE C.V.
Teléfono: +(52) 5556 110432
Email: direccion@cangrejoyaljure.com

Impreso en Colombia, abril 2019
Impreso por Quad/Graphics

ISBN: 978-1-57189-649-0

Diseño: HL Design (Hyun Min Lee) www.hldesignco.com

SATÁN

UNA AUTOBIOGRAFÍA

COMO LE FUE CONTADA A

YEHUDA BERG

AUTOR DE "EL PODER DE LA KABBALAH"

ÍNDICE

PARTE I:
LANZANDO EL TRIDENTE

Capítulo uno:
ENCANTADO DE CONOCERTE 1

Capítulo dos:
ÉRASE UNA VEZ EN EL UNIVERSO 13

Capítulo tres:
EL SIGNIFICADO DE LA VIDA 19

Capítulo cuatro:
LA ACTUACIÓN DE SATÁN 29

Capítulo cinco:
¡EL CONTRAATAQUE! 49

Capítulo seis:
UNA FIESTA EN EL JARDÍN. EL ÁTOMO Y EVA 61

Capítulo siete:
SE TE ESTÁ PONIENDO A PRUEBA 71

Capítulo ocho:
MEDIDA POR MEDIDA 81

Capítulo nueve:
VOLVER A LA REVELACIÓN 93

PARTE II:
LAS PRUEBAS

115 Capítulo diez:
PRUEBA NÚMERO UNO

121 Capítulo once:
PRUEBA NÚMERO DOS

127 Capítulo doce:
PRUEBA NÚMERO TRES

135 Capítulo trece:
PRUEBA NÚMERO CUATRO

143 Capítulo catorce:
PRUEBA NÚMERO CINCO

151 Capítulo quince:
PRUEBA NÚMERO SEIS

165 Capítulo dieciséis:
PRUEBA NÚMERO SIETE

171 Capítulo diecisiete:
PRUEBA NÚMERO OCHO

183 Capítulo dieciocho:
PRUEBA NÚMERO NUEVE

PARTE III:
EL FINAL DE LA RELIGIÓN

Capítulo diecinueve:
EL LEGADO DE AVRAHAM 195

Capítulo veinte:
TU ARMA SECRETA CONTRA LA RELIGIÓN 205

PARTE IV:
EL CAPÍTULO FINAL

Capítulo veintiuno:
LA CAJA FUERTE 217

Capítulo veintidós:
FINALES FELICES 231

Capítulo veintitrés:
MI GRAN ANUNCIO 235

PARTE I:

LANZANDO EL TRIDENTE

CAPÍTULO UNO:

ENCANTADO DE CONOCERTE

SIMPATÍA POR EL DEMONIO

¿*Satán* escribiendo una autobiografía? ¿Es esto algún tipo de broma pesada? ¿Estás intentando decirme que esto no es un libro de ficción?

Está bien, está bien. Sé que estás desconfiando, por decir lo menos. Y tienes todo el derecho de hacerlo. Después de todo, cuando eras un niño puede que leyeras cuentos sobre personas que me vendían su alma, o cuando eras un adolescente quizá escuchaste cómo los Rolling Stones describían mi papel en momentos cruciales de la historia: inclinando la balanza hacia la crucifixión, el Holocausto y las innombrables atrocidades que las personas perpetraban en mi nombre.

Lo más probable es que ni siquiera creas que existo. Después de todo, el anonimato y el engaño han formado parte de mi estrategia desde el principio. Tu incredulidad ciertamente me viene muy bien. Si no es más, al menos es una prueba de que he estado haciendo bien mi trabajo.

Pero, ¿qué tal si estuviera aquí para decirte que todo lo que piensas de mí —o lo que no piensas— es erróneo? Es totalmente falso.

Deja que te explique. La verdad es que soy muy real, y muy poderoso, y tú y yo estamos atrapados en una lucha mortal. Y lo que es peor, yo voy ganando; estoy seguro de que eso al menos lo reconocerás. Sólo mira a tu alrededor. Bajo mi influencia, han convertido este mundo en un desorden infernal.

Pero hay algo que tú no sabes. Aunque soy tu Oponente en este Juego de la Vida, *al final, sólo estoy haciendo mi trabajo, y muy en el fondo, te estoy apoyando para que tú ganes.* Te lo voy a explicar, pero lo que tienes que saber por ahora es que has estado jugando tan mal que he tenido que saltarme las reglas para poder ayudarte.

Yo no soy quien piensas que soy, y ahora ha llegado el momento de dejar las cosas claras. Sí, estoy utilizando este libro para renunciar a mi arma más poderosa: el secretismo. Cuando no crees en mi existencia o malinterpretas mis intenciones, yo siempre gano sobradamente todas las veces. Pero resulta que esto no es bueno para ninguno de los dos. ¿Por qué? Porque estropea el plan que Dios puso en funcionamiento hace mucho, mucho tiempo.

Básicamente, abandonaste el Jardín del Edén. Después de lo sucedido, Dios quería encontrar una forma de impedir que te sintieras tan avergonzado y pudieras ganarte tu regreso. La única forma de superar la vergüenza es eligiendo dejar de actuar de forma egoísta y empezar a dar; en definitiva, ser más como Dios. Por eso Dios te otorgó el libre albedrío; si no lo utilizas para hacer buenas elecciones, nunca podrás ganarte tu regreso al Jardín de la Luz y la Plenitud Infinitas.

Pero si esta tarea resultaba demasiado fácil para ti, no hubieses tenido la oportunidad de ganarte verdaderamente nada. Y aquí es donde yo entré en escena. Dios me encomendó la tarea de proporcionarte obstáculos para que los vencieras; al resistirte a las tentaciones que pongo frente a ti, podías traer más y más Luz a este mundo, hasta que finalmente todo se convertiría en Luz, tal como era en el principio.

El problema es que he realizado mi trabajo de oponerme a ti demasiado bien, y tú no has hecho tu trabajo de resistirme suficientemente bien. Como resultado, vamos un poco retrasados en el cronograma.

Lo sé, lo sé. Esto es demasiado para que lo entiendas. Así que vamos a desacelerar las cosas.

LOS ORÍGENES DE LA DUDA

Todos esos pensamientos de desconfianza que estás teniendo en estos momentos no son realmente tuyos. Son míos. Yo introduzco dudas en la materia gris que alberga tu cerebro. Estas dudas se originan en mí. Niégalo cuanto quieras, pero créeme, estoy plantando esta negación en tu cerebro ahora mismo, mientras estás leyendo estas palabras.

No lo dudes: soy real. Y me estoy descubriendo ante ti después de milenios de actividad encubierta. Me estoy revelando ante ti porque estamos en un momento histórico en el destino de la humanidad. Pero mientras estoy vertiendo la verdad en estas páginas, también debo seguir haciendo mi trabajo, que consiste en plantar la duda en tu cerebro con cada verdad que revelo. Por este motivo, en ocasiones dudarás de cada palabra que leas aquí. Eso forma parte del juego.

POR QUÉ FUNCIONA ASÍ

Las personas de cualquier raza pueden servir a Dios con una condición: tienen que creer. Si no crees que Dios existe, ¿entonces cómo puedes servirle?

Esta es una limitación que yo no tengo. ¡No tienes que creer en mí para servirme!

Deja que esto se absorba por un momento. Ahora piensa en lo siguiente: si creyeras en mí —en quien soy realmente— nunca jamás me servirías.

Irónico, ¿verdad? Es por eso que la duda es mi esencia misma. No se trata de una afirmación filosófica. Es mi forma de gobernar. El cinismo es mi fuerza de vida. El escepticismo es la médula de mi ser.

Mi poder de gobernar sobre ti crece con la incredulidad.

Brillante, ¿no es cierto?

Tú no me percibes con tus cinco sentidos. Y es tu incredulidad en mí lo que me da el poder para influenciar sobre este universo físico y controlar los corazones y las mentes de la humanidad.

Si viste la película *The Usual Suspects,* ('Sospechosos habituales') conocerás la siguiente expresión:

> *"El mejor truco que el diablo inventó fue convencer al mundo de que no existía".*

¿De dónde piensas que vino esta expresión? De hecho, la introduje por primera vez en la mente de Charles Baudelaire, el poeta que vivió en Francia en el siglo XIX. Baudelaire escribió:

> *"El mayor engaño del diablo es convencernos de que no existe".*

Es gracioso. Aunque Baudelaire canalizó esta profunda afirmación en sus escritos, él no creía en mí. Él se limitó a decirlo. Y la lógica paradójica de su propia afirmación le preocupó profundamente.

¿Esto te sorprende?

EL PODER DE LA INCREDULIDAD

De todos los escritores, poetas y filósofos que han escrito sobre mí a lo largo de los siglos, el 99% de ellos lo ha entendido mal. De vez en cuando, he dejado que unas cuantas verdades se colaran por las grietas para ver si se daban cuenta.

Pero sólo unos pocos lo han hecho.

El escritor francés y ganador del premio Nobel André Gide tuvo un presentimiento cuando escribió esto sobre mí:

> *"Nunca se le sirve tan bien como cuando no se le percibe".*

El viejo francés también escribió:

> *"A él siempre le conviene no dejarse reconocer; y eso, tal como dije, es lo que me molesta: pensar que cuanto menos creo en él, más fuerza le doy".*

¡Exacto! Clavo el escepticismo en tu mente racional para preservar mi existencia. Te inyecto con tanta incredulidad que ésta corre por tus venas, inunda tus ondas cerebrales y me permite vivir sin limitaciones tras una cortina de duda.

Y esta es la mejor parte: para sellar el trato, te hago creer que estas dudas son tuyas. ¿Por qué? Mientras sigas creyendo que son tuyas, yo sigo siendo invisible. Tan pronto como empiezas a creer en mí, el juego se acaba. ¿Lo entiendes? La duda no es tan sólo un truco realizado por el "diablo", es quien yo soy.

CRISIS DE IDENTIDAD

Todos estos años, he dejado que pensaras que eras dueño de las opiniones y las creencias que surgen en tu mente. Eres mucho más que tus pensamientos, pero tú odias abandonar la idea de que eres especial, de que esos pensamientos e ideas son únicamente tuyos. No distingues entre las dos voces que funcionan en tu cabeza (mi voz y la de Dios). Tú sólo oyes mi voz alta y limitante, y todos los pensamientos negativos que acompañan a mi cacofonía. Y cuando te dejas caer en mis tentaciones, piensas que has perdido.

CAUSA Y EFECTO

Te mantengo enfocado totalmente en los efectos, pero nunca en la verdadera causa. Considérame el mejor artista de efectos especiales de la historia. A ti te encanta ver todos los efectos especiales que exhibo en la película que es tu vida. Y eso es exactamente lo que es tu vida. Es una película con drama, suspenso, miedo, algunos momentos de comedia (cuando estoy de buen humor) y mucha, mucha tragedia.

Tu vida es lo que es porque no te molestas en buscar el origen invisible de todo lo que transpira en tu vida... o en este mundo.

FINALMENTE

Ha llegado el momento de revelar mi presencia, de salir de detrás de la cortina y sacarme la máscara. Mi historia verdadera nunca ha sido contada. Pero hoy la voy a contar. La necesidad de reanudar el plan de Dios es urgente y, con tu ayuda, esa transformación se pondrá en marcha aquí mismo. Las páginas que siguen dejarán mi verdadera identidad y mi propósito tan claros como el cristal.

¿Si estoy preocupado por revelarme a mí mismo? Estás bromeando, ¿no? En el momento en que cierres el libro, la verdad sobre quién soy yo empezará a desvanecerse de tu mente. Pero espero que aunque sólo sea un destello de lo que está realmente sucediendo pueda ayudar a restaurar las cosas a su equilibrio apropiado. Puede darte las herramientas que necesitas para jugar de forma más efectiva en este Juego tan importante que conocemos como Vida.

No puedo dejar que me conozcas permanentemente. Nunca. No permitiré que entiendas la totalidad de quién soy o la profundidad de mi papel en tu universo. Plantaré la semilla de que este libro es sólo un montaje. Una autobiografía escrita por *Satán* es meramente un recurso creativo. Norman Mailer intentó hacerlo. Otros le seguirán. Una idea ingeniosa, pero nada que vaya a desestabilizar mi mundo.

¿Te sientes mejor ahora? ¿Cómodo con tus conclusiones? Genial, empecemos entonces con mi historia.

QUÉ HAY EN UN NOMBRE

Primero, aclaremos un malentendido sobre la palabra *Satán.* Revisa tus libros de historia. *Satán* no es mi nombre. ¿Sorprendido? No lo estés. Te lo explicaré. ¿Acaso *lanzador es* el nombre de Sandy Koufax? ¿Es *amor* el nombre de la Madre Teresa? ¿Es *jugador central* el nombre de Wayne Gretzky? ¿Es escolta en baloncesto el nombre de Michael Jordan? ¿Es *centrocampista* el nombre de David Beckam? ¿Es *empresario* el nombre de Charles Michael Schwab? ¿Es *cantante* el nombre de Mariah Carey? ¿Es *emperador* el nombre de Julio César? No. Éstos no son nombres. Son descripciones de trabajo.

Lo mismo ocurre con *Satán.* No es un nombre. Es un papel que interpreto en el Juego de la Vida. Busca en el Antiguo Testamento. Desenrolla un antiguo rollo de la Torá. Inscrita sobre el pergamino está la primera aparición de la palabra *Satán* en la historia de la literatura. Es una palabra hebrea. La traducción exacta de esta palabra es "adversario". El Antiguo Testamento dice concretamente "*HaSatán*", que significa "el adversario" o "aquel que se opone".

En Zacarías 3:1-2, se lee:

> *1. Entonces me mostró al sumo sacerdote Josué, de pie ante el Ángel del Señor, mientras* ***el Satán*** *estaba a su derecha para oponerse a él. 2. Y el Señor le dijo* ***al Satán****: "El Señor te reprenda, oh* ***el Satán*** *¡el Señor que ha escogido a Jerusalén te reprenda! ¿No es éste un tizón arrebatado del incendio?".*

Cuando la Biblia habla de *Satán*, está hablando de un poder que se opone. Yo. Yo soy el antagonista en la película de tu vida. A su debido tiempo, revelaré la razón por la cual es así. Paciencia, amigo mío (la cual, debo añadir, no ha sido uno de tus puntos fuertes).

La película de la que hablo tiene lugar en tu cabeza. Podríamos decir que ese mundo a tu alrededor es una megapantalla IMAX, y que yo soy el único antagonista en la historia de la interpretación dramática que nunca ha sido visto u oído. Soy invisible, aunque estoy en todos lados. ¡Es una magia tan extraordinaria! ¡Un truco tan deslumbrante!

Es gracioso, porque pensamos que para poder ser un actor en el mundo físico necesitas tener un gran ego. Bien, yo he creado el ego, sin embargo, irónicamente, cuando estoy interpretando mi papel, nadie me ve actuar. Si esto está empezando a sonarte muy extraño, relájate. A medida que nos adentremos en la historia, todo empezará a cobrar sentido.

DESENMASCARANDO AL DIABLO

Lo más importante que quisiera que te dieras cuenta en esta fase es que no existe tal cosa como el diablo. Ni tal cosa como el demonio, al menos no en la forma en que tú te lo imaginas. Entonces, ¿quién causó todo este malentendido? ¿Por qué todo el mundo hispanohablante utiliza una palabra hebrea antigua (*Satán*) para identificarme erróneamente? ¿Por qué no utilizar la traducción española correcta y llamarme el Adversario?

CAPÍTULO DOS:

ÉRASE UNA VEZ EN EL UNIVERSO

EL PRINCIPIO DE TODO

Esta es mi historia. Sin embargo, cuando explique mis orígenes también aprenderás algo sobre los tuyos. Abordemos primero la Creación y los orígenes del universo. ¿No te gustaría saber finalmente de dónde provienes verdaderamente, y qué estás haciendo aquí?

Vamos a viajar atrás en el tiempo —muy, muy atrás—, hasta el principio de todo. Hasta el principio de todos los principios. Mucho antes de Isaac Newton y del Renacimiento, antes de los Caballeros Templarios de la Edad Media, antes de que el profeta Mahoma enseñara en la Meca, antes de que Jesús caminara por la Tierra Santa, antes de que Sidarta fundara el budismo, antes de que Moisés subiera al Monte Sinaí y antes de que Avraham descubriera la unidad que subyace a toda la realidad, incluso antes de que yo sedujera a Adán y Eva en el Jardín del Edén (explicaré este episodio más adelante). De hecho, tenemos que volver atrás unos quince mil millones de años y luego ir todavía más atrás, justo antes del Big Bang y de que la idea del tiempo empezara a existir.

Aquí es donde empieza la verdadera historia.

Podría escribir volúmenes para explicar el nacimiento del universo y el surgimiento de la vida en la Tierra. Pero prescindiré de todo eso. La auténtica verdad debe poder reducirse a un simple relato que todo el mundo pueda entender. Lo que sigue es la historia de todas las historias, contada en tres breves actos.

Primer acto

Érase una vez, antes de la creación del universo, una Fuerza Positiva de Energía infinita que ustedes tienen el hábito de llamar Dios. Esta

Energía llenaba toda la realidad. No había nada más aparte de esta Energía, esta Luz.

Segundo acto

Un buen día, Dios decidió compartir toda Su Luz, que consistía en amor más allá del amor, dicha más allá de la dicha y alegría más allá de la alegría. Pero no había nadie con quien compartirla. Así que Dios creó a un ser para que actuara como recipiente, para que recibiera la bondad que Dios quería dar. Este ser receptor era un alma gigante que abarcaba todas las que serían más tarde las almas individuales de la humanidad, incluida la tuya. Este ser era la Vasija.

Tercer acto

Dios llenó la Vasija con felicidad infinita, con lo cual tanto Dios como la Vasija vivieron felices para siempre. Bueno, casi...

Algo extraño ocurrió. Por un breve instante durante el tercer acto —justo antes de lograr el "vivieron felices para siempre"—, tuvo lugar un suceso extraordinario.

¿QUÉ SUCEDIÓ?

En realidad, no mucho. Sólo el desarrollo del cosmos, incluida la historia entera de la civilización humana hasta e incluyendo el momento presente, así como todos los sucesos que ocurrirán mañana y ¡que nos llevarán hacia el destino final del mundo!

Desde nuestra perspectiva, eso es mucho. Desde la perspectiva de Dios, ocurrió en menos de un abrir y cerrar de ojos.

Lo que sigue es un conciso relato de lo que tuvo lugar (y lo que está teniendo lugar ahora mismo). También es la historia de mi vida.

CAPÍTULO TRES:

EL SIGNIFICADO DE LA VIDA

¿POR QUÉ NUNCA OBTENEMOS
UNA RESPUESTA CUANDO
LLAMAMOS A LA PUERTA?
CON MIL MILLONES DE PREGUNTAS
SOBRE EL ODIO Y LA MUERTE
Y LA GUERRA.
—THE MOODY BLUES

LA PREGUNTA

Dejaré en manos de la ciencia la tarea de describir cómo sucedió la creación física. En lo que a mí concierne, te diré *por qué* sucedió, lo cual tiene mucho más valor. Empezaremos con la pregunta obvia: si alguna vez estabas absorbiendo la alegría infinita que emanaba directamente de Dios, ¿cómo pudiste acabar en este buen enredo? ¿Dónde está Dios ahora? ¿Qué sucedió con la dicha infinita? ¿Dónde está el final feliz? ¿Por qué tuvo lugar el Big Bang y produjo un vacío negro, carente de aire y luz?

¿Por qué el "felices para siempre" dio paso al "cada vez más desgraciados"?

Primero, déjenme sugerirles que deberían ser ustedes los que planteasen estas preguntas, ¡no yo! Y ahí es donde yace uno de sus mayores problemas. Ustedes no hacen suficientes preguntas difíciles. En su lugar, ven la televisión. Comen. Ganan peso, o se obsesionan con estar delgados. Se quejan. Leen la prensa sensacionalista. Se obsesionan con los famosos, haciendo ídolos de personas que están igual de perdidos y confundidos que ustedes, probablemente aun más.

Hacen tan poco como pueden. Esperan que las cosas cambien o que alguien les saque del apuro. Pero nadie lo hace, porque ellos están en el mismo barco.

Buscan la satisfacción en fuentes externas y en planes sobre cómo enriquecerse rápidamente. O trabajan setenta horas a la semana para evitar afrontar su realidad; y su familia. Idolatran el dinero, en lugar de buscar la verdad. Y mientras tanto cierran sus ojos al sufrimiento de los demás y sus oídos a los quejidos de la humanidad.

El sentirse víctimas es su bandera. Creen que el universo les ha repartido unas cartas malísimas. Están convencidos de que la vida es aleatoria, terriblemente injusta y fríamente indiferente a su dolor y sufrimiento. Este es un mundo de competencia despiadada, por lo que no tienen tiempo de pensar en ello, ni mucho menos de cuestionarlo; primero deben conseguir tanto como puedan para ustedes mismos. O quizá no les importe nada. En absoluto. Aquellos de ustedes que sí se hacen preguntas, sólo se preguntan el *cómo*. Nunca se preguntan el *por qué*. Cuando se preguntan *cómo*, están tratando con el síntoma. Sólo cuando se preguntan el porqué están tratando con la causa verdadera.

Es una gran diferencia. Una diferencia realmente grande.

Pues bien, ¡es tiempo de despertar! Empieza a hacerte preguntas de verdad. Y no te detengas ahí. ¡Empieza también a exigir respuestas de verdad! Inténtalo en algunas conversaciones significativas y observa cómo te sientes.

Voy a decirlo sin rodeos, para que no tengas más excusas. Estoy escribiendo este libro para que puedas subir el nivel de tu juego. En este manuscrito, voy a verter mis secretos. Las preguntas difíciles serán planteadas y respondidas. Y vamos a iniciar una conversación significativa en lo que se refiere a la historia de mi vida; y, lo que es más importante, de tu vida. Así que empecemos por ti. Averigüemos qué estás haciendo aquí en este pequeño planeta azul que flota en una galaxia y que parece rotar en medio de la nada.

JONI MITCHELL Y EL SIGNIFICADO DE LA VIDA

Joni Mitchell tenía razón. Ella acertó por completo en una frase de una de sus canciones. Se llamaba *"Big yellow taxi"* (gran taxi amarillo), y fue un gran éxito en los años sesenta. Dicho sea de paso, durante aquella década turbulenta me hicieron sudar tinta. Paz, amor, libertad, "flower power". Se acercaron bastante. Pero para cuando llegaron los años setenta, ya había logrado afianzar mi posición de nuevo. Cuando llegaron los ochenta, ya había convertido ese afianzamiento en una llave al cuello. Convertí "haz el amor y no la guerra" en "la avaricia es buena". En los años noventa, empecé a dormirles con una llave de estrangulamiento.

Cuando llegó el final del milenio, ya estaban noqueados. Todo lo que quedaba en el interior de sus cabezas era una luz de emergencia. Ese destello de conciencia que quedaba sólo pudo producir una obsesión por los paparazzi, los famosos, los microchips y los juguetes digitales, dejándoles ciegos a todo aquello que tuviera algo de sustancia y significado. Incluso su llamada espiritualidad era superficial. Trataba siempre sobre el alivio temporal, nunca sobre soluciones a largo plazo. Trataba sobre la idealización de los llamados gurús, en lugar del enriquecimiento de las vidas de las personas. La mayoría de aquellos gurús hablaban mucho, pero no predicaban con el ejemplo. Ese tipo de persona espiritual que está tan enamorada de sí misma es una presa fácil para mí.

También lo son los políticos. Y las autoridades religiosas. Y toda la gente de Silicon Valley, del primero al último. Los eruditos son un tiro certero. Los físicos son pan comido. Los corredores de Bolsa de Wall Street, un éxito asegurado. Te caerías de la silla si supieras lo fácil que es manipular a todos estos tipos.

En resumidas cuentas, su falsa espiritualidad, su complacencia, su orgullo y su avaricia les impiden descubrir la causa subyacente de sus problemas. Pero tengo algunas buenas noticias para ustedes. Voy a ayudarles a hacer eso ahora.

Volvamos a la letra de la canción de Joni Mitchell:

> *"¿No parece siempre irse?, no sabes lo que tienes hasta que lo pierdes; han pavimentado el paraíso y han construido un estacionamiento".*

He aquí, justo en frente de ustedes. En blanco y negro. En papel. Una letra tan poderosa y llena de significado como esta, tanto como cualquier cosa escrita en el Corán, el Antiguo Testamento o el Nuevo Testamento. Una letra que captura la esencia de todas las escrituras.

¿Cuál es el secreto dentro de la letra de esta canción?

CREANDO CONCIENCIA

Cuando ustedes —la humanidad, el Alma Única— fueron originalmente creados, lo tenían todo. Absolutamente todo. Una felicidad inimaginable. Un placer inconmensurable. Una satisfacción inconcebible. Pero no había apreciación. No había alegría genuina en la profundidad de su ser. No había conciencia de lo que realmente tenían. ¡A eso llamo yo no saber valorar algo! Déjame explicarte.

¿Te sientes feliz por no tener una migraña ahora mismo? Por supuesto que sí. ¿Eras consciente de esta felicidad hace tres segundos? ¿Sabes por qué no lo eras? Tu deseo por esta felicidad ya estaba satisfecho; por lo tanto, eras inconsciente de ella. ¿Lo entiendes? Si un dolor intenso y mareante empezara a llenar tu cráneo, te volverías consciente de este deseo muy rápidamente.

Entonces, ¿qué ocurre cuando tienes una migraña y el dolor finalmente remite? De repente te sientes la persona más feliz y agradecida del planeta. Tu deseo ha sido cumplido, y te sientes definitivamente bien por ello. ¡Ahora sí que aprecias tu existencia libre de dolor!

> *"¿No parece siempre irse?, no sabes lo que tienes hasta que lo pierdes..."*

En el primer acto de nuestra historia de la Creación, Dios creó el alma humana. El alma poseía deseos infinitos, y Dios satisfizo cada uno de esos deseos con todas las formas concebibles e imaginables de felicidad y placer. Pero el alma era ignorante. Inconsciente. ¿Por qué? El alma se había creado en un estado perfecto de satisfacción total, desde el primer momento.

¿Estás siguiendo el hilo? De la misma forma que no apreciabas y no eras consciente de tu existencia libre de migraña hace unos segundos, el alma no apreciaba y no era consciente de su existencia perfecta. ¿Por qué? El alma no conocía nada más. Ella fue creada así.

La felicidad verdadera sólo puede entenderse y apreciarse cuando se contrasta con la ausencia de la felicidad: la infelicidad. Si voy a contarte sobre mí por primera vez en la historia, antes necesitas entender esta Ley Universal. Esta es la forma en que se crean semillas de conciencia.

El alma sólo podía conocer y apreciar a Dios experimentando la ausencia de Dios y la pérdida de la plenitud que una vez conoció. Una vez que el alma experimentó la ausencia de Dios, sólo entonces pudo ser consciente de la presencia de Dios.

REPERCUSIONES

Las implicaciones de esta ley son inquietantes cuando te detienes a pensarlo. Así que tómate un minuto para hacerlo. Ahora mismo. Piensa. Piensa mucho. Dejaré de entrometerme durante unos momentos y te permitiré encontrar la claridad.

El tiempo se acaba. Empieza a leer...

Sólo valoras algo a través de su ausencia. La luz de una vela es inútil en un día soleado, sin embargo es preciosa en la oscuridad de la noche. Puedes reconocer la satisfacción sólo después de haber experimentado el vacío.

Ya estoy de vuelta.

Como ya dije, las implicaciones de esta verdad son terroríficas. ¿Por qué es así? Pues bien, al principio tu alma fue creada llena de satisfacción. Eso era todo lo que conocías. Eras inconsciente de lo que realmente tenías. No sentías ni un gramo de apreciación o conciencia.

Siéntate. Respira profundo. O quizá toma un trago de whisky escocés de malta. Ahora, prepárate.

Si el alma recibe inicialmente una felicidad inimaginable, y de repente esta felicidad se le arrebató, ¿qué quedó? ¡Una tristeza y una depresión inimaginables!

Si el alma nadaba en un mar de placer dichoso, ¿qué quedó cuando este mar desapareció? ¡Un desierto de dolor insoportable!

Si el alma disfrutaba de una serenidad indescriptible y esta serenidad desapareció en un instante, ¿qué quedó? ¡Un caos indescriptible!

Si Dios y la verdad se eliminan de la existencia del alma, ¿qué es lo que queda? Nada excepto una realidad impía de mentiras y supersticiones.

Y, finalmente, la gran pregunta: si el alma estaba en una dimensión luminosa de inmortalidad y esta dimensión desaparece súbitamente, ¿qué queda? ¡La dimensión oscura de la muerte! Y eso fue lo que sucedió. El alma no tuvo otra elección que entrar en una realidad opuesta: una dimensión impía llena de dolor, tristeza, caos, corrupción y depresión profunda. ¡Y así su destino final se convirtió en la muerte! Esto sucedió alrededor del tiempo en que tuvo lugar el Big Bang, y el universo físico entró en existencia.

EL PRIMER EFECTO

Te contaré otro secreto. El Big Bang fue mi primer efecto especial. Y no me refiero sólo a la espectacular explosión; quiero decir que fue un verdadero Efecto, entendido como el resultado de una Causa previa.

Esta es una Causa que todo tu mundo no conoce, y que divulgaré en su debido momento.

Con el Big Bang, se puso en marcha un proceso de aprendizaje para toda la humanidad. A lo largo de esta empinada curva de aprendizaje se halla el propósito de este mundo y el significado de la vida: crear una dimensión en la que puedas apreciar verdaderamente y disfrutar la bondad infinita que es tu derecho de nacimiento. Desafortunadamente, si nos basamos en la Ley Universal que acabas de aprender, tu ego necesita experimentar dolor y pérdida para poder apreciar esta bondad infinita. Siempre hay trampa, ¿no es cierto?

CAPÍTULO CUARTO:

LA ACTUACIÓN DE SATÁN

EL DOLOR

Todo esto es una locura. ¿Cómo puede un ser humano soportar esta dimensión infernal, diabólica y de pesadilla en la que nos encontramos? Pero, ¿sabes una cosa? Eso es justamente lo que has estado haciendo. Durante milenios, has sido prisionero de un sufrimiento indecible. Pero, ¿cómo puede ser así, si se supone que Dios es todopoderoso? ¿Por qué Dios no hace algo para solucionarlo? Después de todo, ¿no es Dios el hacedor de milagros? Dios puede encontrar soluciones para cualquier problema, ¿no es cierto? Absolutamente correcto. No hay nada que Dios no pueda hacer.

Y Dios también encontró una solución para este pequeño dilema. De hecho, Dios nunca planeó sentarse y mirar cómo sufres. Dios es compasivo. Misericordioso. Dios es amor incondicional. Por lo tanto, Dios pensó en la situación y descubrió una manera de que experimentaras Su ausencia sin tener que soportar un sufrimiento interminable.

Esta es una endemoniada paradoja: ¿cómo puede uno entender verdaderamente el dolor, el caos, la tristeza, la depresión y la muerte sin experimentar el dolor, el caos, la tristeza, la depresión y la muerte? Por suerte para ti, en el Reino de lo Infinito, todas las paradojas están resueltas. Dios resolvió el problema, y lo hizo poniéndome a mí en buen uso.

Ahora, esto se empieza a poner interesante...

¿Y qué pasa con este asunto de *sentir* el dolor y la pérdida sin tener que *experimentar* el dolor y la pérdida? Suena como un truco de magia, ¿no es cierto? Pero Dios encontró una manera de ayudarte a sortear el mismo sistema que tú (la Vasija) pediste. Cuando querías recibir, pero también querías ser como Dios, básicamente estabas diciéndole a Dios: "Quédate fuera de mi vida, pero rescátame si las cosas se ponen difíciles".

Entonces, así fue como Dios lo hizo. Dios lo organizó de manera que tú:

- Pudieras sentir el dolor potencial, pero no tuvieras que atravesar el dolor verdadero.
- Pudieras dejar que tu doble de escenas peligrosas, tu ego, recibiera el golpe en lugar de recibirlo tú mismo.
- Pudieras elegir el dolor proactivo temporal en lugar del sufrimiento duradero.
- Pudieras tener una conciencia constante del dolor y de su propósito.

Ahora, analicemos con mayor profundidad cada una de las soluciones de Dios.

SENTIR EL DOLOR POTENCIAL

Puedes elegir sentir el dolor potencial, para así no tener que experimentar el dolor real. En cualquier momento dado, puedes perderlo todo, o más bien, te lo puedo arrebatar todo: tus seres queridos, tu seguridad, tu posición, tus hijos, tu salud, tu bienestar, tu futuro. Ser consciente de esto de forma constante te ayuda a cuidar de los demás, disfrutar y sentirte satisfecho en cada momento de tu vida. Esta es la forma más fácil de evitar el dolor. También es la razón por la cual me he mantenido oculto durante tanto tiempo. Una vez que conoces mi juego, ¡puedes simplemente jugarlo sin mí! ¿Y qué tendría esto de divertido para mí?

Imagina una traición de tu esposa, o una pérdida repentina de salud o dinero, o una amenaza a la seguridad o al bienestar de tus hijos. Haz que sea tan real que puedas sentirlo. Observa atentamente tu vida y empieza a apreciar todo lo que no has valorado lo suficiente, porque, de otra forma, seré tu dueño. Un tsunami, unas torres gemelas, una institución financiera colapsada, un depredador de niños, y tendré tu vida en mis manos.

¿Cuál es la lección en todo esto? Es muy simple. Ama a tu pareja con más intensidad, cuida de tu salud con una mayor intención, trabaja con más atención y cuidado en tu trabajo, y estate presente para tus hijos con más alegría. Mira el paraíso que te rodea, ¡para que yo no pueda sustituirlo por un lote de autos! ¿Lo entiendes? La apreciación y la gratitud son antídotos poderosos para el dolor, y Dios te los dio expresamente para este propósito. Tú has tenido la cura todo este tiempo, aunque no te dieras cuenta.

EL DOBLE DE ESCENAS PELIGROSAS, EL EGO

Dios no se detuvo ahí. Te dio otra cura más, otra herramienta, otro antídoto para tu sufrimiento. Y viene en la forma de Harrison Ford. Bueno, no exactamente, pero quería asegurarme de que tenía tu atención absoluta.

Verás, Harrison Ford es una estrella de cine muy atractiva. Cuando interpretó el papel de Indiana Jones, puedes apostar hasta tu última moneda que el estudio de cine no quería que su actor principal llevara a cabo todas esas escenas de riesgo.

Para eso está el doble de escenas peligrosas.

El doble de escenas peligrosas es un especialista altamente entrenado y extremadamente habilidoso, que asume todo el riesgo de sufrir dolor y heridas en lugar de la estrella de cine. Este es su trabajo, y cobra una buena cantidad de dinero por hacerlo. Todo lo que Harrison Ford tiene que hacer es apartarse a un lado y permitir que el doble de riesgo ocupe su lugar en una escena potencialmente peligrosa.

Dios ideó una solución similar para la película que es tu vida. Dios creó un doble de riesgo para que asumiera todo el dolor en tu nombre. Todo lo que la humanidad tiene que hacer es apartarse a un lado cada vez que surge una situación potencialmente peligrosa o incómoda, y permitir que el doble de riesgo haga su trabajo. Pero la humanidad nunca lo ha hecho. Tú tampoco lo has hecho. Ni tampoco tus amigos. Nadie lo hace.

¿Y cómo lo sé? Porque...

¡YO SOY EL DOBLE DE RIESGO!

Lo sé. Es difícil de creer, ¿verdad? Pensabas que yo era la fuente de todo el mal. El Príncipe de la Oscuridad. El Padre de las Mentiras y el Engaño. El Tentador. El Hijo de la Perdición.

Pensabas que estaba aquí para arruinar tu vida, para oscurecer la existencia humana y destruir el mundo. Para nada. Dios me otorgó la tarea de actuar como tu sustituto oficial. Estoy aquí para ayudarte. ¡Sorpresa!

Así pues, si el término "doble de riesgo" te suena demasiado a Hollywood, puedes llamarme simplemente tu "ego". Sí, es correcto. Yo soy tu ego. Mi vocación es una parte esencial del plan de Dios. Como dije antes, el alma vino al "lote de autos" para experimentar el dolor y despertar así la apreciación por el paraíso que es Dios. Y hay dos maneras de experimentar el dolor:

1. Tú lo experimentas
2. O lo hago yo

Seré más específico. Hay dos formas de conocer el dolor de este mundo:

1. A través de la aniquilación de tu ego y de todo tu interés propio.
2. A través de dolor infligido a tu cuerpo y a tu alma.

La vida te lanza un desafío. O bien permites que yo, el ego, me frustre y me preocupe; o lo harás *tú*.

La vida te lanza un reto. O el ego se deprime; o bien lo harás *tú*.

Alguien necesita ayuda económica desesperadamente. O le das a esa persona hasta que duela (me duela a mí), o te aferras a tu dinero y a la autosatisfacción que proporciona la avaricia, y dejas que eso te lastime. En otras palabras, aparecerá todo tipo de basura a lo largo de tu vida. Puedes dejar que sea el ego el que esté triste, deprimido, avergonzado o herido, o bien puedes experimentar tú mismo la tristeza, la depresión, la locura, el agravio y mucho dolor (bonita letra de una canción country, debo añadir).

Después de toda una vida viviendo con los humanos, hay dos opciones: o muere el ego, o mueres tú. ¿Captaste lo último? La he deslizado disimuladamente. Volveré a repetirlo: la muerte ocurre por una razón, por no dejar morir al ego. Todas las personas a lo largo de la historia han muerto como resultado de proteger a su ego. Se aferran a él toda su vida. Pero si el ego muere, tú vives para siempre. Realmente. Verdaderamente. Si la humanidad eliminara el ego de la faz de la Tierra, ¡sería el fin de toda la muerte! La Tierra se transformaría en un paraíso físico y espiritual sin fin.

Así que morir por ti es mi trabajo; si me lo permitieras. Pero no lo haces. Y por eso acaban experimentando todo el dolor. Ustedes se ocupan de morirse, mientras yo me ocupo de vivir. He pasado todo el tiempo en esta Tierra, viviendo a lo grande durante incontables siglos, mientras ustedes han estado cayendo como moscas.

Entonces, ¿por qué demonios no eliges apartarte a un lado cuando toda esta felicidad e inmortalidad inimaginables te están esperando? La respuesta es muy simple: porque no sabías que tenías un doble de riesgo. Simplemente, no sabías que tenías mis servicios a tu disposición. Pues bien, ahora ya lo sabes.

Pero antes de continuar, puede que todavía estés confundido acerca de esta idea del ego. Después de todo, he pasado milenios intentando distorsionar su verdadero significado. Tu ego es tu respuesta reactiva al mundo.

Por ejemplo:

- Reaccionas al fracaso y te deprimes. Eso es tu ego.
- Respondes al éxito y te vuelves vanidoso. Eso también es el ego.
- Reaccionas ante una oportunidad y no te sientes suficientemente bueno para aprovecharla. Lo creas o no, eso también es ego.
- Eres egoísta. Ego.
- Das caridad y dejas que todo el mundo lo sepa. Ego.

- Alguien defiende una creencia que es contraria a la tuya y tú creas un conflicto. Ego, por ambas partes.
- Alguien promueve una creencia u opinión con la que tú estás de acuerdo y le sigues ciegamente. Ego, ego y más ego.
- Alguien te dice la verdad y tú la rechazas. ¡Esta es la forma más común de ego en el planeta!

Espero que me estés siguiendo. El trabajo del ego es motivarte a reaccionar. Todo lo que haces en la vida a petición del ego es una acción refleja. No importa cuál sea el desencadenante o cuál sea tu intención. Tu ego ve que siempre estás reaccionando a alguien o algo. Y yo soy el que incita tu comportamiento.

Eso significa que todos los pensamientos negativos que hay en tu cabeza son míos. Sin embargo, como me he disfrazado tan ingeniosamente de tu ego, tú piensas que esos pensamientos son tuyos. Y ahí es donde yace el problema.

¿Quién piensas que te convence para que dejes la dieta cuando tu auténtico yo adopta el compromiso de perder peso? No es el pastel de chocolate lo que te hace sucumbir. ¡Soy yo, tu servidor! Disparo tu deseo al mismo tiempo que disminuyo tu voluntad. Es un golpe doble muy potente. Entonces racionalizo tu derrota susurrando en tu oído: "No te preocupes, puedes empezar de nuevo el lunes".

¡Y sabotear dietas es sólo la punta de mi iceberg!

DOLOR PROACTIVO VERSUS SUFRIMIENTO

Por suerte para ti, Dios te dio una herramienta especialmente diseñada para vencer al ego: tu habilidad para elegir el dolor proactivo y temporal, en lugar de ser molestado por la infelicidad de por vida. Pero yo te comprometo un día sí, un día no. Te convenzo de que es mejor "mantener la paz" que decir la verdad. Claro, seguro que hay una forma de preservar realmente la paz, pero no es callando la boca cuando algo debe ser dicho. Cuando deben llevarse a cabo acciones difíciles, no se trata de ser simpático. No se trata de soportarlo; se trata de afrontarlo.

Dios no quiere que te limites a sobrellevar. Claro, tú puedes absorber mucho dolor, pero no se supone que deba ser así. Se supone que debes asumir la incomodidad momentánea de afrontar esa situación difícil, pero en su lugar tú dejas a un lado la verdad y te llenas de orgullo y de una falsa superioridad moral. Se supone que debes *ganarte* el paraíso. ¿Piensas que vas a hacerlo interpretando el papel del Sr. Simpatía? Este es uno de mis favoritos: la persona que piensa que es tan valiente cuando, en verdad, es cobarde. Puede que sea simpática frente a ti, pero a tus espaldas te dejará por tu cuenta para proteger su buen nombre.

¡Levántate y confronta la situación difícil que tienes ante ti! ¿Por qué piensas que está ahí? ¿Para esconderla debajo de la alfombra? Afróntalo: es tu desafiador, es tu oposición, es tu adversario. Así que entra en el ring y lucha. Si te sigues escondiendo, yo gano.

Esto es así porque cuando vives con dolor, al cabo del tiempo te vuelves un amargado. Llegas a creer que el mundo y Dios están contra ti. Admítelo. Nunca eres feliz. De acuerdo, algunas veces sientes que eres "bueno". Pero ser bueno no te ayuda a hacer realidad el potencial que viniste a lograr a este mundo. Puedes intentar justificar tu posición convenciéndote a ti mismo de que las personas justas como tú siempre pasan por pruebas. Pero en lo más profundo de ti vives sabiendo que podrías ser mucho más. Sin embargo, no has tenido la fuerza para hacer que eso suceda. Yo te la he quitado toda.

Si sigues por este camino, tendré que enviarte algo más difícil para que lo afrontes hasta que finalmente despiertes, hasta que finalmente te des cuenta de que enfrentarte a tus dificultades no es, ni de cerca, tan doloroso como el sufrimiento que estás atravesando ahora. Así que hazte un favor a ti mismo. Observa la situación. Encuéntrame en ella, lucha contra mí y gana. El dolor que sientes se disolverá y volverás a ganarte tu lugar en el Jardín.

CONCIENCIA CONSTANTE

Aunque fracases una y otra vez en activar cualquiera de las soluciones de Dios al problema del dolor, Dios todavía deja la ventana abierta para ti. Aunque estés viviendo con el dolor más increíble que exista —dolor físico, la pérdida de un hijo, una existencia desolada, un estómago y una cartera vacíos, un cartel de "sin salida" — todavía hay una puerta al paraíso.

Si he ganado cada batalla hasta este momento, si has dado tu vida por sentado, si has sido un egocéntrico, si has sido un justo cobarde, si estás realmente sufriendo, entonces la única forma de ganar en esta fase tardía es reconociendo que es un juego. Recuerda que el objetivo es el paraíso. Dios no se olvidó de ti; lo que ocurre es que no has estado jugando muy bien.

Entonces, ¿cómo vuelves a entrar en el Juego desde aquí? Reconoces el juego en el que estás y sigues jugando. El dolor no durará para siempre. Si el objetivo final es el Edén, entonces debe haber un enfoque más amplio que no vemos. Empieza a poner las soluciones de Dios en práctica. Empieza a apreciar este momento y a dejar de sentirte como una víctima. Deja que el ego haga su trabajo. Claro, piensas que te ves mal; perdiste algo que parece serlo todo; te sientes humillado por tu esposa, por las circunstancias, por tu condición física.

¡Estupendo! Cuanto más humillado sea el ego, mejor para ti. Sé feliz de que sea yo quien recibe el golpe. Cuantos más golpes recibo, más me lastimo, y más paraíso vuelves a ganarte. Actúa sin egoísmo para variar. Ayuda a alguien que está peor que tú. Este es el camino directo hacia el paraíso. En lugar de dejarme bailar mientras tú sufres, ha llegado el momento de girar las tornas.

PIENSAS QUE ERES UN TIPO DURO

Yo juego duro, lo cual significa que en cada asalto doy lo mejor de mí. Tiene que ser así. Si fuera fácil para ti, si no requiriera esfuerzo de tu parte encontrarme y derrotarme, no ganarías nada. Y nada habría cambiado desde que perdiste el paraíso. Necesitas ganarte tu regreso, porque es la única forma de que puedas apreciar la felicidad infinita que es tu destino. No hay escapatoria. Es por eso que tengo que usar todos los trucos que existen, todos los medios posibles para hacerte difícil el que me encuentres. Y, recuerda, hago esto por tu propio bien; sin mí, no tendrías un Oponente en este juego, lo cual significa que ganar no tendría ningún valor.

Yo sirvo a una causa noble, y los riesgos son altos. Tu felicidad eterna está en juego. Así que, para asegurarme de que te ganas tu dicha y desarrollas el nivel de conciencia y apreciación que te permitirá saborear el paraíso para siempre, debo estar preparado para jugar duro.

No te equivoques, puedo hacerlo. *Soy despiadado.* Les he visto caer en los campos de batalla; consumirse por el cáncer; sufrir de parálisis por un infarto cerebral; enterrar a tus hijos; ser robados, violados y abusados por monstruos; y experimentar casi todas las formas horrendas de sufrimiento. No podía echarme atrás. Juré utilizar todos y cada uno de los posibles métodos para engañarte y dominarte.

Tú fuiste quien pediste que este proceso fuera desafiante para que pudieras disfrutar la abundancia de felicidad que justamente te pertenece. Este camino podría haber sido más fácil. Pero si no permites que el ego experimente el 100% del dolor, nunca llegarás a experimentar el 100% del placer. Tú lo querías todo. Tú lo pediste todo. Tú fuiste quien me otorgó el poder de darte lo mejor de mí.

EL VERDADERO INDUCTOR DEL DOLOR

¿Quieres conocer un atajo para deshacerte del hábito del dolor? Es muy simple. Renuncia al egoísmo. El egoísmo es una herramienta diseñada específicamente para infligir dolor repetitivo en ti. Claro, cuando renuncias al egoísmo, eso duele mucho; pero ese dolor efímero es el único dolor que tendrás que experimentar. Aquí tienes tu fórmula mágica. Sí, este es el boleto de entrada. Dale una patada al egoísmo y *saluda* a la vida eterna.

Este es un buen momento para que mencione que yo mismo soy la personificación del egoísmo. De hecho, *egoísmo* sería mi segundo nombre si lo tuviera. Mi trabajo es incitar en ti un comportamiento egoísta en todas sus manifestaciones: Egocentrismo. Autoindulgencia. Baja autoestima. Depresión. Enfado. Celos. Preocupación. Miedo. Lo creas o no, todas ellas son expresiones distintas del egoísmo. Tu tarea consiste en rechazarlo. Vencerlo. Resistirlo. Mi trabajo consiste en convencerte de que lo aceptes con los brazos abiertos.

Pero a pesar de eso —a pesar de mí—, tienes que aguantarte. Sí, así es. Lo que te estoy diciendo es que lo superes. Porque si puedes hacerlo, este dolor será todo lo que necesites soportar durante tu vida para ganarte la felicidad eterna que se te otorgó originalmente en el Acto I de la historia de nuestra Creación.

LOS DOS ASPECTOS DEL PROBLEMA

Estos son los dos aspectos del problema de la humanidad:

1. Han estado viviendo de forma egoísta, bajo mi control, durante incontables siglos. Este es el motivo por el cual el mundo sangra.
2. No creen que existo. Por eso el mundo continúa sangrando y sufriendo, sin saber cuál es la salida.

El problema empieza en tu cabeza. En tu conciencia. En realidad, es mi conciencia que está dentro de tu cabeza. Todos los problemas de la Tierra —desde la pobreza, el calentamiento global y la enfermedad hasta la pornografía infantil y el abuso de sustancias— tienen su raíz en el comportamiento egocéntrico y egoísta colectivo de los seres humanos.

Estos problemas externos en el mundo son los síntomas. No son la Causa. Aunque solucionen el calentamiento global reduciendo las emisiones de carbono, la negatividad de su comportamiento egoísta creará algún otro problema global. Si manejan sus autos con ira —aunque sus autos sean "ecológicos"— su negatividad seguirá causando un daño letal. Ustedes lo llaman el efecto mariposa. ¡De ninguna manera! Es *mi* efecto.

Reflexiona sobre lo siguiente: ¿qué pasaría si el ego fuera la causa de un virus exótico que amenazara con matar a millones de personas? Entonces lo que necesitarían es un milagro. ¿Y qué es un milagro? Piensa en ello, es un suceso que tiene lugar fuera de las leyes de la naturaleza física. Ustedes hacen que los milagros ocurran cuando vencen las leyes de su naturaleza egoísta. Cuando pongan las necesidades de otra persona antes que sus propios intereses egoístas, una cura milagrosa aparecerá en el planeta como reflejo del cambio que tuvo lugar dentro de ustedes.

Por supuesto, mi trabajo ahora mismo consiste en que digas: "¡Esas son tonterías!". Y está funcionando, ¿no es verdad? ¡Todavía eres escéptico!

Así es precisamente como impido que logres hacer milagros.

ASUMIENDO LA RESPONSABILIDAD

A medida que empiezas a renunciar al egoísmo y a vencer al ego, gradualmente te vas dando cuenta de que el ego no eres tú. No es una tarea fácil. Pero cuando llegas a ese punto, te sientes feliz de que sea yo el que esté pasando por un infierno, y no tú. Cuando alcances cierto nivel de sabiduría —llamémoslo un estado de conciencia— en el que entiendas verdaderamente que soy yo el que está detrás de tu ego, estarás contento de poner fin a este Juego. De una vez por todas.

Pero lleva toda una vida —típicamente varias vidas— alcanzar ese estado de conciencia elevado. A lo largo de los siglos, he visto a hombres fuertes llorar, correr como cobardes, temblar de miedo, manchar sus pantalones, cometer suicidio y morir literalmente de un ataque al corazón cuando debían enfrentarse a un ego lastimado. Es decir, se necesita nada menos que una fuerza hercúlea para permitir voluntariamente que el ego experimente el dolor para que tu cuerpo y tu alma puedan elegir la felicidad.

La razón por la que un hombre adulto le teme a la muerte de su ego, más que a la muerte física es porque confunde a su ego con él mismo. No sabe que su enemigo real soy yo. No sabe que si el ego muere, él vive.

Sé sincero contigo mismo. Si en realidad supieras —ahora mismo— que yo soy real, que soy la Causa de todo tu dolor, me darías una patada. Por eso trabajo tan duro para convencerte de que no existo. Si supieras realmente la verdad, le darías la bienvenida a la humillación. Mantendrías tu gran boca cerrada cuando ese bocón, arrogante y fantoche amigo tuyo habla de más. Evitarías desafiarle porque sabrías que soy yo —dentro de ti— quien estaba realmente provocándote.

¡El pensamiento de renunciar al ego es terrorífico! Pero esa amenaza aterradora es tan solo un espejismo. Soy yo quien invita al miedo, inyectándolo en cada una de las células de tu cuerpo. Gracias a mí, enfrentarte a este miedo puede parecer algo casi imposible. Pero no lo es. No sólo es totalmente posible, sino que vencer tu miedo y plantarle cara a tu Oponente es una jugada muy inteligente. Una jugada ganadora, sin duda.

Pero si eliges la ruta alternativa de proteger a tu ego, entonces sufrirás. Enfermedad. Malestar. Confusión emocional. Inestabilidad financiera. Matrimonios rotos. Relaciones destrozadas. Depresión crónica. Muerte.Ya sabes cuál es la rutina. La conoces muy bien. De hecho, la conoces demasiado bien.

Mientras fracases en crear la separación entre tu yo verdadero y mi yo verdadero, acabarás asumiendo hasta el último gramo de dolor a lo largo de toda tu vida. Así ha sido desde los albores de la conciencia humana.

Ahora ya lo conoces: este es mi Plan de Juego completo.

Me pillaste.

JOB

Estoy seguro de que todos conocen la historia de Job. Si no conoces la historia, y aunque sí la conozcas, es momento de que la oigas desde mi punto de vista, así que escucha atentamente.

Job vivía en las tierras del este de Palestina hace mucho tiempo. Estaba considerado como un hombre justo, y tú sabes cuánto me gusta socavar a los justos. Así que, me disfracé de Dios y le recompensé por su "misericordia" con grandes riquezas, miles de cabezas de ganado y una gran familia. Desde mi punto de vista, era un hombre con un ego enorme que necesitaba que alguien le enseñara una lección. Yo sabía que si le tocaba sus puntos débiles con cuidado, podría acabar con él. Y este era mi plan.

Acudí a Dios y le reté para que pusiera a prueba a Job. Aposté que si Dios empezaba a desestabilizar la familia y las posesiones de Job, él le acabaría maldiciendo. Pero Dios no quiso hacerlo, así que tuve que hacer yo el trabajo sucio. Un día, unos ladrones robaron todo el ganado y mataron a sus sirvientes; además, un terrible tornado que venía del desierto destruyó la casa en la que los hijos de Job estaban reunidos, matándolos a todos. Para mi asombro, Job no sólo no maldijo a Dios, sino que en realidad le alabó. Tengo que confesarte que me quedé perplejo. Este personaje llamado Job me estaba dejando fatal. Pero todavía no había acabado con él.

Acudí de nuevo a Dios y traté de convencerle de que si Job fuera golpeado por una enfermedad, se mostraría como era en realidad. De nuevo, Dios me recordó que esa no era su forma de trabajar. Así que puse mi propia magia en funcionamiento, y Job contrajo la enfermedad más terrible que puedas imaginar: la lepra. ¡Incluso su esposa intentó persuadirle de que se quejara contra Dios! ¡Estuvo espléndida! Sus amigos también se unieron a la queja.

Pero —¿puedes creerlo?— Job se mantuvo firme y no maldijo a Dios ni por un segundo. Job alabó a Dios, e incluso le llamó su Redentor. El hombre estaba afligido por una terrible enfermedad de la piel, y sin embargo todavía veía la belleza de Dios. ¡Este sí es un buen ejemplo de mantener la fe y no perder de vista la visión global! Job utilizaba las mismas herramientas de las que te he hablado unas páginas atrás; él era un hombre adelantado a su tiempo. Tengo que admitir que si hubiera sabido que era una nuez tan difícil de partir, habría apostado por otra persona, te lo puedo asegurar.

¿Pero cómo iba alguien a saberlo si no hacía mi trabajo y probaba las aguas? Nota la conexión entre el nombre Job (en inglés) y hacer mi trabajo (job, en inglés). La Biblia es un código, lo sabes. Estos pequeños relatos contienen más capas de significado de las que podrías destapar durante toda una vida de estudio. Y sólo estoy empezando a arañar la superficie. Puede que te preguntes cómo acabó la historia. Probablemente no te sorprenderá saber —si conoces la verdadera naturaleza de Dios— que Job fue maravillosamente recompensado. Él recuperó su salud y sus riquezas, su familia creció y vivió 140 años más.

La historia de Job debería abrir tus ojos al hecho de que absolutamente nadie es inmune a jugar el juego del dolor. Ni los buenos, ni los píos, ni los justos. Todo el mundo se encontrará con el dolor, pero también es verdad que todo el mundo puede elegir convertir ese dolor en abundancia y felicidad. Sólo tienes que estar dispuesto a recibir el golpe inicial, tragarte tu orgullo y darle la vuelta a este juego tedioso y autoimpuesto.

CAPÍTULO CINCO:

¡EL CONTRAATAQUE!

VENCERME EN MI PROPIO JUEGO

Además de dejar que absorba el dolor por ti, lo cual acaba debilitando mi poder sobre ti, la siguiente de las mejores maneras de vencerme es dejar que muera de hambre. En el momento en que te conviertes en un ser despierto y consciente de tus acciones, yo empiezo a consumirme. Cuando dejas de ser negativo, me dejas desprovisto de alimento; es tu propia negatividad lo que me da mi energía. Y, debo decírtelo, tu egoísmo, tu ira y tus celos siempre tocan la mejor parte de mí. Aparta todo eso de mí, y te garantizo que me dejarás desnutrido.

Esta idea de que tú alimentas todo mi poder no es nueva. Ha habido muchas pistas a lo largo de la historia sobre cómo vencerme, pero nadie les ha prestado demasiada atención. El antiguo lenguaje arameo ya ofreció una de las primeras pistas. En arameo, la palabra para *transgresión* significa en realidad "transferir". ¿Qué crees que se está transfiriendo? Respuesta: el alimento supremo, lo que sostiene la vida: la Luz del Creador.

¿Y adónde se está transfiriendo? A la dimensión en la que yo vivo.

Sí, yo vivo de la Luz, igual que tú.

Cuando el Creador me permitió deambular por tu dimensión, me dio una cantidad limitada de Luz de forma que pudiera tener el poder suficiente para hacer mi trabajo. El sistema que puso en funcionamiento me da apenas el alimento suficiente como para sustentarme: ni más, ni menos. No es suficiente con otorgarme el poder de hacer grandes daños.

Entonces, ¿de dónde vienen las guerras, el hambre global, los asesinatos, los tsunamis y el abuso de niños? ¡Del poder que tu me das! Tu me alimentas cada vez que transgredes; envías Luz allí donde vivo. ¡Y me llega endemoniadamente mucho más rápido de lo que tardaría UPS!

Como verás en el siguiente capítulo, el mundo fue creado con Diez Dimensiones. Las nueve dimensiones superiores son el lugar donde habita Dios y la Décima Dimensión es el lugar donde tú vives. Pero hay una dimensión secreta que muy pocos conocen. Este lugar especial está reservado para mí, y se conoce como la Undécima Dimensión.

Cada vez que actúas de forma egoísta, cada vez que niegas tu amor, cada vez que no eres capaz de ver a Dios, me estás enviando Luz a mí, en la Undécima Dimensión.

UN MENÚ DIABÓLICO

Así que, permíteme que deje esto muy claro. Cada vez que me proteges, cada vez que me escuchas, cada vez que niegas que existo, yo te quito más poder. La gratificación es mi aperitivo. La indulgencia es mi entrada. La vanidad es mi postre. La negación es mi fuerza vital. Te coacciono para que me alimentes todo el tiempo. Tú me permites sentir placer cada día de la semana. Me gratificas a cada hora. Me consientes a cada minuto. Y tu cinismo es el mayor culpable.

Mientras tanto, te vas debilitando. Oscureces tu vida un poco más con cada reacción egocéntrica. Entonces te preguntas por qué el caos y la oscuridad te golpean de repente.

MIGAS EN EL SUELO

Llevas a cabo una buena acción. Los elogios llegan a tu puerta, y tú los recibes. Mala jugada de tu parte, pues permites que tu ego reciba una caricia. Y eso supone otro banquete para mí.

Creas algo. Quizá escribas un libro, construyas un negocio, inventes algo, desarrolles una pieza de tecnología, hornees una bandeja de galletas ganadoras de un premio —no importa lo que sea—, pero en resumen digamos que has hecho un buen trabajo. Entonces te llegan las felicitaciones. Te bañan con elogios. Las alabanzas abundan. Ganas mucho dinero... ¡lo que sea!

Lo que quiero decir es que si utilizas el dinero, los elogios y las alabanzas para alimentar a tu ego, entonces yo usurpo todo el poder. Tú obtienes placer temporal, mientras que yo obtengo comida para toda la vida.

Aunque des a una buena causa, si lo haces con culpa o por obligación, yo me llevo un banquete completo. Porque en ese caso estarás reaccionando de nuevo. ¿Lo entiendes?

UNA TRANSACCIÓN QUE VALE LA PENA

Había una vez un hombre a quien se le pidió —o mejor dicho— se le *presionó* para que diera mucho dinero a dos huérfanos. Después de que diera el dinero, se sintió incómodo con su decisión (¡por supuesto, yo tuve mucho que ver en eso!). Empezó a calcular cuánto dinero le quedaba para sobrevivir en aquellos tiempos difíciles. Le hice pensar para sí lo siguiente: "¿Sabes una cosa? Quizá se lo tendrían que haber pedido a otra persona. ¿Por qué tengo que ser siempre yo? Quizá puedo ir y pedir que me devuelvan el dinero; aunque no sea todo, al menos una parte".

En este caso, yo estaba realmente prosperando. ¿Por qué? Porque este hombre había llevado a cabo su acto de compartir con poco entusiasmo, lo cual significaba que toda la Luz que tendría que haber ido hacia él, ¡vino hacia mí! Y como hablamos de ayudar a huérfanos, ¡hablamos de una grandísima cantidad de Luz para mí!

Pero Dios no podía dejar que esto continuara así, por lo que intervino enviando uno de sus emisarios especiales. El ángel se presentó vestido como un mercader rico. Dijo: "He oído que quieres recuperar tu dinero. Eso no supone ningún problema. Yo te lo daré. Sólo deja que yo me quede con la Luz que tú ibas a recibir de esta transacción, y yo te daré el dinero".

Esta petición inusual hizo salir a este tipo del coma en el que yo le había puesto, y se dio cuenta de que era la Luz lo que deseaba realmente. El emisario le ofreció todavía más dinero, pero yo ya había perdido mi dominio sobre el donante. Con una mente clara, fue capaz de afirmar que lo que quería realmente era la Luz. El dinero ya no tenía valor para él. Y con eso, el emisario partió.

EL DIABLO INTERIOR

A lo largo de los años, ustedes han recibido pistas. Moisés, Jesús, Mahoma, Buda, y otros; todos ellos les dieron las herramientas para erradicarme. Pero, naturalmente, yo intervine. Distorsioné sus enseñanzas. Tomé sus herramientas y creé una de mis obras maestras: la religión. Incuestionablemente, esa fue mi mejor invención. La religión me protege. Oculta mi verdadera identidad. Propaga la falsa moral. Les mantiene en el camino recto y estrecho, ¡en la estrechez mental!

Permíteme contarte una historia curiosa sobre la naturaleza de la religión.

Dos monjes iban caminando por el bosque cuando de repente vieron a una bella mujer atrapada al otro lado del río. El monje más joven, aunque quedó sorprendido por la belleza de aquella mujer, no perdió ni un segundo. Sin dudarlo, se metió en el río para ayudarla. Esto no le sentó muy bien al otro monje. De hecho, aquí es donde yo intervine en la historia. Planté semillas de indignación en su mente, y al cabo de unos momentos estaba gritando: "¿Qué crees que estás haciendo?" Y observó cómo el amable monje levantaba a la joven mujer en sus brazos, la llevaba sana y salva al otro lado y continuaba su camino.

El monje que estaba consternado cruzó el río, alcanzó a su servicial colega, y caminó a su lado sin decir una palabra. Unas dos horas más tarde, el monje consternado le dijo a su amigo: "No entiendo cómo pudiste tocar a aquella mujer, y mucho menos cómo pudiste sostenerla en tus brazos mientras la llevabas a través del río".

El monje joven respondió: "Es curioso que digas esto. Yo dejé a esa mujer atrás hace horas. Parece que tú todavía la llevas encima".

Él tenía razón, y no podía haber sucedido sin mi ayuda. Me agarro de la mente de los virtuosos, animándoles a adherirse ciegamente a dogmas y doctrinas, mientras que se olvidan de su propósito real. Igual que el monje consternado, ustedes culpan a un diablo externo de todos los problemas del mundo. Pero, tal como están aprendiendo, el verdadero adversario ha instalado su residencia dentro de ustedes.

El sexo extraconyugal, las mentiras, la hipocresía; piensan que estas tentaciones derivan de un mal externo. Tienen algo de razón. Lo reconozco, es mérito mío. Pero yo no estoy ahí fuera. Estoy dentro de ustedes. Lo cierto es que todos ustedes (aun los peores) son personas decentes y amorosas. En lo más profundo, es decir. Su único error es confundirme con ustedes mismos. ¿Quieren erradicar el mal del mundo? ¿Quieren vivir para siempre? Admítanlo. Ahora mismo. Acaben con mi reinado. Pero sepan que estoy trabajando duro para que ese pensamiento les parezca demasiado terrorífico como para siquiera considerarlo.

Y para todos aquellos de ustedes que van en manada a las casas de adoración de todo el mundo, tengo una noticia que darles:

Dios no necesita de su adoración.

Ir a la iglesia, sinagoga o mezquita nunca ha sido el objetivo de Dios para ustedes. Estos son meramente lugares en los que pueden iniciar el trabajo. No me malinterpreten. Cumplir diligentemente con sus compromisos religiosos el domingo por la mañana no es algo malo; pero no piensen que cuando salgan por esa puerta se habrán librado de mí. De hecho, les sugiero que eliminen por completo el término "casa de adoración". ¿Qué tipo de Dios les exigiría eso?

Es un truco. Una comprensión fraudulenta (gracias a mí) de lo que se pide de ustedes. Están aquí para librar la guerra, no para adorar. La guerra contra mí, el *Satán.* Entren en su lugar de conexión —su mezquita, iglesia, sinagoga— con sus rasgos más desagradables plenamente expuestos. Muéstrense vulnerables. Y utilicen las herramientas que han recibido para erradicarme. Cuanta más negatividad admitan e identifiquen dentro de ustedes, más débil me volveré yo.

La vida no trata sobre sus cualidades positivas. Y tampoco trata ciertamente sobre su personalidad más bondadosa. Está muy lejos de todo esto, amigos.

La vida trata sobre sus debilidades. Sus supuestos pecados. Se trata de descubrir todos sus rasgos egocéntricos. En otras palabras, la clave de la vida es encontrarme a mí dentro de ustedes. ¡Qué irónico! El mundo busca constantemente a Dios en un intento de encontrar la felicidad. ¡Qué gran error! ¡La búsqueda de la felicidad empieza con mi propia búsqueda! Descubrir a *Satán* es el camino hacia la Luz. ¿Quién lo creería, verdad?

¿Sabías que la palabra en latín *Lucifer*, otro de mis nombres, significa "el que trae la Luz" (de *lux/lucis*, que significa "Luz", y *ferre*, que significa "llevar/traer")? No significa "el que trae la Oscuridad". ¿Sorprendido? Te he estado diciendo desde la primera página de esta autobiografía que la verdad final de mi existencia no es la que piensas que es. En absoluto.

Piénsalo de esta forma: una lámpara ilumina una habitación. Pero entonces alguien coloca varias mantas sobre la pantalla, lo cual hace que la habitación se vuelva completamente oscura. Entonces entras y la puerta se cierra detrás de ti. No puedes ver nada, pero no tiene ningún sentido buscar el interruptor. ¡La luz ya está encendida! En su lugar, necesitas encontrar las mantas que la están bloqueando.

No puedo explicarlo de una forma más sencilla que esta. Cuanto más rápido quites las mantas, más rápido la habitación pasará de la oscuridad a la luz. Dios funciona de la misma manera. La Luz de Dios siempre está encendida, la Energía de Dios siempre está presente. Pero hay mantas que ocultan la Luz, y yo añado una cada vez que me sirves. Así que, encuéntrame a mí, y encontrarás la felicidad.

Elimina todos los rasgos que yo te animo a que adquieras. Admite tus faltas, expón tu ropa sucia y revela tus secretos más oscuros. Si puedes hacerlo, no dejarás ningún lugar en el que pueda ocultarme.

Debes saber que yo lucharé a cada paso del camino. Es lo que debo de hacer, ¿recuerdas? Utilizaré ascensos, honores y premios para celebrar todos tus atributos maravillosos. Para celebrar tu genialidad. Tu bondad. Tus talentos increíbles. ¿El resultado? Tu auto importancia crecerá y mi poder sobre ti brillará junto con ella.

Así que, por favor, continúa ocultando la corrupción de la religión y los males de la sociedad bajo la alfombra. Ignora los abusos de poder y la persecución. En su lugar, anda por ahí diciéndole a todo el mundo lo bueno que eres. Lo amable que eres. Lo acertado que eres. Lo perfecto que eres. Sigue negando que existo. Revuélcate en tu sensación de desamparo. Retuércete en tu depresión. ¡Disfrútalo!

O sé real.

¿Qué opción elegirás?

CAPÍTULO SEIS:

UNA FIESTA EN EL JARDÍN. EL ÁTOMO Y EVA

UN ENGAÑO EN EL EDÉN

Ya hablamos de la Creación en el capítulo segundo, pero vamos a profundizar un poco más en nuestros humildes comienzos. Hay algunas cosas que necesitas saber con referencia a la debacle del Jardín del Edén. Pienso que hay un argumento secundario en esa historia que normalmente se pasa por alto.

El Creador te concibió en una realidad supremamente luminosa y perfecta. Pero tú eras prácticamente inconsciente. ¿Por qué? Porque la perfección absoluta era todo lo que conocías. No tenías un marco de referencia a través del cual apreciar la vida que se te había entregado en una bandeja de plata. Así que hiciste tu equipaje y te fuiste de viaje por la carretera. Querías experimentar la carencia para poder apreciar lo que se te había dado.

Querías ganarte la Luz que se te había entregado.

Y Dios lo entendió perfectamente. Después de todo, Dios es el rey del amor incondicional, ¿cierto? Dios respetó tu deseo de abandonar el hogar; sabía que necesitabas pasar un tiempo viviendo bajo mínimos, sin comodidades, precariamente. Dios sabía que la separación era un paso inevitable y necesario en el proceso. ¿De qué otra forma podías aprender a dejar de dar por sentado todo lo que tenías?

Y así, como haría cualquier buen padre o madre, Dios te dio algunos consejos. No sólo debías llevarte un par extra de calcetines limpios, sino que Dios también te dijo que era absolutamente imperativo que te mantuvieras alejado de todas las indulgencias egoístas. Éstas sólo estropearían el propósito de tu viaje, el cual resultaría en una expedición mucho más larga y dolorosa. Además retrasarían tu regreso a casa. Dios te advirtió por última vez que no aceptaras ningún tipo de placer temporal en sustitución a lo verdadero. Él reiteró, enfáticamente:

¡No toques eso,
pase lo que pase!

Cuatro palabras muy importantes.

Lo entendiste. Y partiste.

UN VIAJE POR CARRETERA

La primera parada de tu viaje fue en otra realidad, en las profundidades del reino subatómico. Por supuesto, en este nivel de existencia no hay fisicalidad (los científicos y yo estamos de acuerdo en este punto), así que no te molestaste en llevarte tus jeans favoritos. En esta dimensión inmaterial de la existencia, sólo eras un estado enrarecido de la conciencia. Allí sólo existía la *idea* de los jeans.

Esta fuerza pura de conciencia consistía no sólo en ti, sino en toda la conciencia. Esta superconciencia única dio origen a Adán y Eva. Y la dimensión donde residía esta fuerza unificada de conciencia se conoce como el Jardín del Edén.

Mientras estabas ahí fuera disfrutando del paisaje, Dios te echaba mucho de menos. Él quiso darte la oportunidad de que volvieras a casa lo más pronto posible. Así que a Dios se le ocurrió una idea. En lugar de que tuvieras que recorrer un viaje tan largo y doloroso, Dios me creó a mí para probarte sin que tú lo supieras. Este plan ingenioso de Dios te permitiría resistirte al placer y volver a casa a tiempo para las celebraciones. A partir de esta acción bienintencionada de Dios, nací yo, el *Satán*.

Canta conmigo, si quieres:

¡Cumpleaños feliz, cumpleaños feliz, te deseamos Satán, cumpleaños feliz!

Yo fui creado para retar a tu conciencia. ¿La prueba? O vences mi tentación de gratificación inmediata y placer, tal como Dios te pidió que hicieras antes de que dejaras la casa, o sucumbes a mis poderes de persuasión y por lo tanto prolongas tu paseo.

Así es como sucedió todo.

Te señalé una fruta indescriptiblemente placentera que colgaba de un árbol (no es necesario que te diga que no era una fruta física, como una manzana; estamos hablando de una realidad hecha de conciencia, de energía pura).

Tú la rechazaste. Recordaste que Dios te había dicho que no satisfacieras ningún placer hasta que regresaras a casa, pasara lo que pasara.

Entonces te dije que la fruta de aquel árbol no era una fruta común y corriente. No había duda de que era un auténtico placer. ¿Por qué? Sabía igual que la fruta que te esperaba al volver a casa.

Pero tú te diste cuenta de que todo el propósito de tu viaje era evitar el placer para así poder apreciarlo. Y luego te expliqué lo siguiente: te dije que Dios había enviado esa fruta como una prueba para ayudarte. Eso era cierto. Te dije que todo lo que debías hacer era resistir todo el deseo egoísta antes de probarla. Si la comías sólo para hacer feliz a Dios, pasarías la prueba y tu viaje por carretera habría terminado.

Entonces te dije que dieras un mordisco. Tú te echaste atrás. Me dijiste que Dios te dijo que no probaras ningún placer hasta que volvieras a casa, ¡pasara lo que pasara! Yo te respondí diciéndote que habías malentendido el mensaje. Dios quería que regresaras a casa siempre que hubiera una forma de lograrlo. Eliminar todo el deseo egoísta —justo antes de probar esa fruta— sería una acción suficientemente dolorosa como para hacerte merecedor de tu vuelta a casa. Ahora había captado tu atención por completo.

Te dije que si te la comías sin egoísmo pasarías la prueba. Y no serías transportado a alguna otra región de la realidad lejana y olvidada de Dios para continuar tu paseo. La verdad de mis palabras se elevó en tu interior.

Tú te enfocaste. Como un láser. Concentraste todo tu esfuerzo en eliminar de tu ser cada gramo de deseo egoísta. Entonces mordiste la fruta. Y funcionó. Nada malo ocurrió. Al contrario, estabas inmerso en un placer indescriptible.

Y aquel, chicos y chicas, fue el preciso momento en que yo, *Satán*, me instalé dentro de ustedes.

Antes de que mordieras la fruta, yo era una fuerza que existía fuera de ti. Pero una vez comiste de la manzana proverbial, fui inyectado en ti, como un virus. Y tú no te enteraste de lo que había ocurrido. De hecho, cuando empecé a susurrar en tu oído, entraste en pánico; pensaste que estabas esquizofrénico, que escuchabas voces. Luego te calmé y te convencí de que yo sólo era la voz de la razón dentro de ti. Pero en realidad estaba mezclando la verdad con mentiras para engañarte y para desviarte del plan original.

Una vez que estuve dentro de ti, empezaste a sentirte muy mal por lo que habías hecho. La vergüenza te abrumó. Y cuando experimentaste esa vergüenza, yo me apoderé de ti. Ya eras mío. En aquel momento, te desconectaste de la Luz que una vez fue todo lo que conocías. Dejaste el Jardín del Edén. No fuiste expulsado, tal como te han hecho creer; la vergüenza era tan intensa, que elegiste marcharte.

Como puedes imaginarte, desde aquel momento, mi influencia creció como un tumor sin control. Y de esta forma me convertí en la conciencia dominante que ocupaba tu cerebro, tu auténtico yo oculto tras las cortinas y la deshonra que puse en tu cabeza. Esto, amigos míos, fue el nacimiento de la baja autoestima, mi arma de probada eficacia contra ti.

Y este es el motivo por el cual no tienes ni idea de que existo, y por lo cual crees que tú y yo somos lo mismo. Crees que tus pensamientos egoístas eres tu, y por eso te rindes. Una vez sepas que en realidad soy yo, y no tú, podrás luchar contra mí; te sentirás suficientemente seguro como para compartir. Sabrás que eres como Dios.

EL NACIMIENTO DE LA HUMANIDAD

La tarea de vencerme se volvió demasiado difícil de lograr cuando me afiancé tanto en ti. Dios lo vio y, aunque había prometido no interferir, decidió dividir el volumen de trabajo. La superconciencia única de Adán y Eva se dividió en pequeñas e incontables partículas de conciencia. Éstas se convirtieron en los elementos básicos de todo el cosmos. Lo crearon todo, desde el cuerpo humano hasta el instinto egoísta de supervivencia que gobierna a toda la raza humana.

Una vez triunfes sobre esta conciencia preprogramada, conquistarás la muerte y regresarás a casa; lo cual significa simplemente que la felicidad será tuya para siempre. Tu casa no está en una dimensión lejana; tu casa es un estado de felicidad eterna. Y eso es lo que Dios es. Nada más. Y nada menos.

LAS SEGUNDAS OPORTUNIDADES

Dios creó un método para que compensaras lo que hiciste, para que crecieras de tus errores, para que te sintieras merecedor cuando sentías que no eras nada.

Dios quería mostrarte lo fuerte que eres y de cuánto eres realmente capaz.

Dios quería que aumentaras el tamaño de tu Vasija, para aumentar tu potencial y así puedas tener mucho más.

Dios quería que limpiaras y eliminaras los obstáculos que yo creé cuando entré en tu psique.

¿Cómo se propuso Dios lograr esta hazaña?

Poniéndote a prueba. Y reclutándome a mí para que fuera el ayudante del Maestro.

CAPÍTULO SIETE:

SE TE ESTÁ PONIENDO A PRUEBA

Puedo sentir cómo tu ansiedad va en aumento, como esa pesadilla en la que entras en una clase sin estar preparado en absoluto para el examen. Relájate. Recuerda que estoy divulgando todos mis secretos aquí para que esta vez puedas prepararte mejor. La preparación para el examen es lo más importante en este Juego.

Me gustaría tomarme un minuto para familiarizarte con la clase y las reglas que gobiernan este espacio. Antes que nada, debes saber que nunca te pondrán un examen que no puedas superar. El universo te ha equipado con todas las herramientas que necesitas para superar con creces cada examen que aparece en tu camino.

Hay dos cosas importantes que debes tomar en cuenta:

1. Dentro de cada prueba, búscame siempre a mí. Piensa en cada prueba como una página de "¿Dónde está Wally?". Siempre estaré ahí, en algún lugar. ¿Necesitas una pista? Allí donde el egoísmo asoma su fea cabeza, sin duda me encontrarás a mí.

2. Piensa en la otra persona.

Con cada prueba que afrontas, déjame decirte que las probabilidades están a tu favor. Pero sólo porque Dios está de tu lado no significa que debas pedir nunca ser puesto a prueba. Pide una prueba y esas probabilidades cambiarán por completo. ¡Un claro ejemplo de "pide y se te dará"! Entraré en tu conciencia con una fuerza que no estás preparado para manejar. Sólo Dios sabe cuándo estás preparado, así que deja que Dios decida cuándo enviarme a mí para que haga mi trabajo.

Y Dios lo hará. Porque Dios sabe que no puedes aumentar el tamaño de tu Vasija sin pruebas. No puedes volver a Kansas sin enfrentarte a la bruja malvada que es tu naturaleza egoísta.

DOS TIPOS

Te diré incluso que hay dos tipos de pruebas que puedo poner en tu camino. Está la Oportunidad Única: desaprovéchala y estarás acabado. Y la otra es mi favorita: la Quemadura Lenta.

Con solo oír su sonido ya me siento entusiasmado. Con la Oportunidad Única, mi objetivo es golpearte con una experiencia de vida única que te dé un puñetazo tan fuerte que te deje destrozado bajo la "injusticia" total de la situación.

La Quemadura Lenta habla por sí sola. Con esta prueba, te voy debilitando lentamente. Con el paso del tiempo, corrompo tu conciencia. ¡Y tú ni siquiera sabes lo que está ocurriendo! Es como el experimento de la rana en el agua hirviendo. Coloca una rana en una olla con agua bien fresquita y pon a hervir el agua gradualmente. Luego, crúzate de brazos mientras la rana se queda bien cocida. Pero si pones esa misma rana en una olla con agua hirviendo, ésta se escapará de un salto en un instante. Requiere mucha paciencia de mi parte, pero la recompensa es que nunca lo ves venir.

Por cierto, nunca dejaré que sepas cuál es el peso de la prueba en la visión global. Nunca sabrás si estás haciendo un examen final o una simple prueba parcial. Así que estate atento. A veces, una pequeña prueba es en realidad una gran prueba disfrazada. Lo admito abiertamente: me encantan los disfraces.

LA TAZA DE CAFÉ

Puede que ya conozcas esta escena. Ya estás en una relación, y una persona soltera y atractiva del sexo opuesto te pide que tomes un café con ella. La idea te entusiasma. ¿Es que acaso existe tal cosa como una simple taza de café? Revísate. ¿Qué estás buscando? ¿Qué pasa en tu relación para que estés por ahí con otra persona "tomando un café"?

¿Puedes verme oculto en esta escena? ¿Qué carencia estoy activando en ti? ¿Qué te estoy proporcionando, además de un café? ¿Qué te hace sentir bien del hecho que alguien te invite a salir? No es la cafeína. ¿Es recibir atención de otra persona? ¿Soy yo?

Toma en cuenta lo siguiente: si creas una abertura para mí, entraré; y probablemente no te guste el lugar al que te llevaré. A veces, las decisiones que parecen más inofensivas llevan implícitas consecuencias que cambiarán tu vida. Así que prepárate como corresponde.

PRUEBAS SORPRESA Y EXÁMENES

Por otro lado, a veces piensas que se te ha puesto el examen definitivo, pero la verdad es que casi no es ni un examen; como máximo podrías llamarla una prueba sorpresa. Imagina que estás fuera de la ciudad en un viaje de negocios y un socio comercial muy atractivo te pide que subas a su habitación más tarde. Tú declinas su ofrecimiento y te vas, orgullosa de ti misma por resistirte a una oferta tan tentadora. Pero, ¿cuán grande fue la tentación en realidad? Tienes un marido maravilloso en casa, unos hijos fantásticos y una vida cómoda. Puede que te hayas sentido halagada por esa oferta, pero declinarla no te costó tanto. Eso no significa que pasaras la prueba; sólo significa que en realidad no era una prueba muy dura en primer lugar. O quizá era otro tipo de prueba. ¿Dónde me escondo? ¿En el orgullo? ¿En la rectitud moral?

Por otro lado, si en ese mismo escenario necesitas hasta el último gramo de tu fuerza de voluntad para forzar un 'no' de tus labios mientras sueñas con lo que te perderás, entonces enhorabuena; ahora estás empezando a jugar tan duro como yo. Verás, no se trata del sexo que estás eligiendo tener o no tener; se trata del grado en que me reconoces y me vences a mí, tu naturaleza egoísta.

Desempeñarse bien en una de mis muchas pruebas es raramente tan simple como elegir una acción en lugar de otra, y nunca se trata de si es correcta o incorrecta. Se trata de qué significa esa elección para ti. Si pudiera darte una regla infalible para seguir, eso sería demasiado fácil, ¿no es cierto? Así no es como yo juego.

La clave para ofrecerme un auténtico desafío es ser consciente de que cada momento brinda una oportunidad. Todo empieza con conciencia. Claro, parece simple. Pero volverse consciente nunca es tan fácil cuando yo estoy cerca, y así es como se supone que debe ser. Yo me escondo dentro de cada minuto de tu vida. Así que estate atento y despierta. O sufrirás las consecuencias.

CAERÁS

Nadie pasará nunca todas las pruebas, todo el tiempo. Es la práctica lo que hace que logres la perfección, ¿recuerdas? Para ganar, tienes que fracasar algunas veces. Es como el principal bateador de la liga, que consigue estar en el Salón de la Fama, por haber bateado 700 cuadrangulares a lo largo de su carrera. ¿Puedes imaginar cuántas veces debió batear sin darle a la pelota, ser eliminado o expulsado? Sin embargo, ¡es uno de los mejores jugadores en la historia de este deporte!

Claro, es fácil para los jugadores de béisbol porque ellos saben lo que deben hacer. Mandar la pelota fuera del campo, ¿no es cierto? Pero yo te pongo mucho más difícil la tarea de no perder de vista el objetivo final y centrarte en el juego. Pero si puedes localizarme dentro de ti, vencerme y aprender a apreciar el paraíso y el Jardín que son tu destino, estarás fuera de peligro.

Cometerás errores y fallos. Tu trabajo consiste en negarte a que éstos te abrumen. Es decir, el fracaso es parte del viaje. El fracaso es parte del gran diseño; es un componente integrado en la "placa base" de la vida. No puedes simplemente eliminar el fracaso ni la función que éste sirve.

De hecho, el único fracaso real viene cuando no logras crecer a raíz de los desafíos a los que te enfrentas. El auténtico éxito, por otra parte, es caerse al suelo, sacudirse el polvo y volver de nuevo a la lucha. Si te crees mi mentira de que has fracasado, habrás cometido el mayor pecado.

¿Y cuál es la consecuencia de cometer el mayor pecado? ¿La muerte inmediata por un relámpago? ¿Una eternidad en el infierno de Dante? Reconozco que el drama y el teatro son normalmente mi estilo, así que puede que te sorprenda saber que el precio que pagas por creerte esta mentira viene sin mucha parafernalia teatral...En realidad, es bastante simple.

Cuando crees que eres un fracaso, sacrificas tu alegría. Pierdes el derecho a la plenitud. Y le dices adiós a cualquier oportunidad de alcanzar la paz mental. Esa es la consecuencia del mayor pecado. No parece muy malo cuando lo ves escrito en papel, pero en la realidad es un infierno.

Pero tengo buenas noticias para ti. Hay una alternativa. Y se llama soltar.

Suelta al ego, y yo te soltaré a ti.

Dejaré que mantengas la felicidad y la plenitud que son tu derecho de nacimiento, si tú sueltas la idea de que no eres merecedor de sentir esta alegría. Cuando me sueltes a mí, yo te soltaré a ti. Es un Juego poderoso el que estamos jugando. Y estás jugando contra el maestro. ¿Te estás divirtiendo?

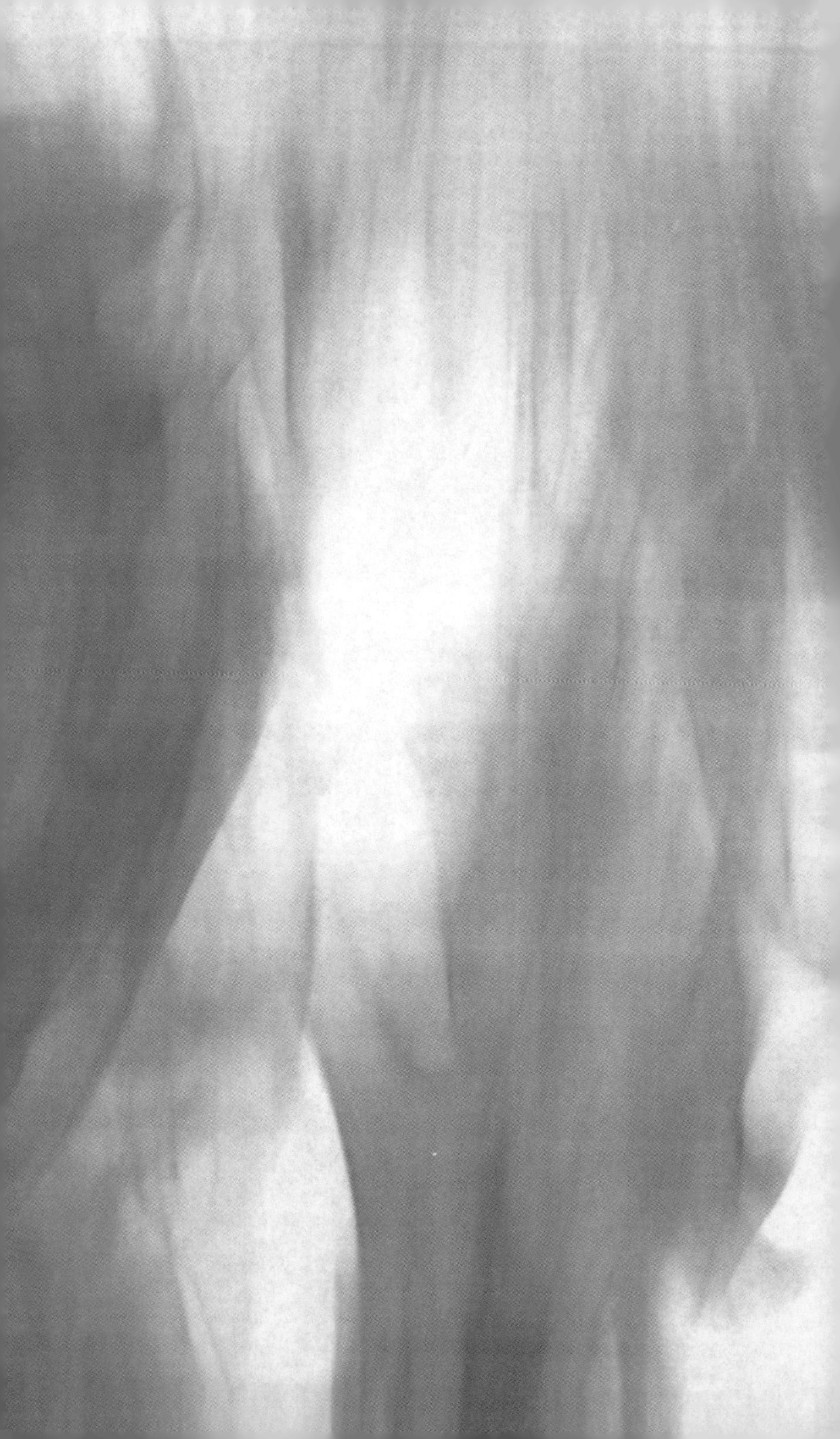

CAPÍTULO OCHO:

MEDIDA POR MEDIDA

Presta mucha atención porque cuanto más rápido entiendas el siguiente concepto, menos explicaciones tendré que dar. Hay un proceso —un sistema— para todo en el universo. Uno de los principios más importantes en este sistema es algo que yo llamo *Medida por Medida*, y trata de lo siguiente:

- En la medida en que juzgues a los demás, serás juzgado.
- En la medida en que ames a los demás, serás amado.
- En la medida en que cuides de los demás, los demás cuidarán de ti.
- En la medida en que odies, serás odiado.
- En la medida en que sientas envidia de los demás, serás envidiado.

¿Te das cuenta? Hay una proporción de uno a uno —una correlación directa— entre los pensamientos y las acciones que van dirigidas a ti. No tienes que ser un matemático para entender esta Ley Universal. Pero sí necesitas prestar atención.

La manera en que este principio funciona no es de ninguna forma personal. Sencillamente, es una ley espiritual del universo que es tan simple, como las leyes físicas que gobiernan el espacio. De la misma forma que la ley de la gravedad no tiene en cuenta la personalidad del individuo que recibe un golpe en la cabeza, de una moneda, que alguien ha lanzado desde el tejado de un rascacielos, el principio de la Medida por Medida tampoco varía según el individuo. No se trata de sentimientos ni personalidades; se trata de energía espiritual.

Por cada acción, hay una reacción directamente proporcional. Cuando lanzas una pelota contra una pared, ésta vuelve a ti con la misma fuerza. De igual manera, el universo te lanza, gramo por gramo, exactamente lo que tú le has arrojado a él.

Este sistema es perfecto e impersonal, y no está limitado a ti y a tus acciones. El equilibrio de la humanidad también está determinado por el principio de la Medida por Medida. Igual que tú, el mundo siempre está siendo puesto a prueba. Igual que tú, evoluciona y crece de sus experiencias y luego es retado otra vez por algo nuevo. Igual que tú, la humanidad como un todo tiene atributos egoístas que ha venido aquí a corregir, atributos que deben convertirse en Luz antes que la conciencia del mundo pueda avanzar al siguiente nivel.

No tienes que buscar mucho para encontrar ejemplos de que el mundo está siendo empujado a sus límites por tipos como yo. El estado crítico del medio ambiente, la crisis de la economía global, las relaciones internacionales impredecibles, las naciones arrasadas por la guerra, el hambre generalizado y la crisis del SIDA; últimamente he trabajado muy duro. Esta negatividad a gran escala contribuye a que te olvides de compartir y erradicar el egoísmo. En realidad, te deja totalmente atontado.

Pero todavía hay más. Todo lo que permites que te haga a nivel personal se magnifica a una escala global. Cada pensamiento negativo contribuye al sufrimiento del mundo. Mi naturaleza insidiosa puede llegar a ser devastadora si tú lo permites.

Pero sólo si tú lo permites: debajo de mis espectáculos deslumbrantes de muerte y destrucción se halla la posibilidad de que el espíritu humano revele una inconmensurable Luz. Sin mis pequeñas pruebas, nunca descubrirías tu grandeza. Encarar de frente un desafío angustiante revela un grado de fortaleza dentro de ti que nunca supiste que tenías. Estas pruebas, sean individuales o globales, te ayudan a convertirte en la persona que estás destinada a ser. Las pruebas a las que te enfrentas te ayudan a expandir tu Vasija, creando así una abertura para la Luz. De hecho, cada gramo de potencial inspirado en Dios que se te concedió en la creación de tu alma, se activa cuando superas una de mis inagotables pruebas.

Si nunca fueras probado, no sólo te quedarías estancado en un sentimiento constante de insatisfacción, sino que tampoco dispondrías de un mecanismo para eliminar los bloqueos de tu pasado, para limpiar la basura que cargas de una vida a la siguiente. Cuando pasas pruebas, cambias el curso de tu destino.

Esto es lo que le ocurrió a la hija de Rav Akivá. Rav Akivá vivió hace mucho tiempo y, siendo un kabbalista, fue para mí como una espina clavada en mi costado. Ciertamente fue alguien que entendió el significado de mis duras pruebas.

LA HIJA DE RAV AKIVÁ

El día que nació su hija, los astrólogos informaron a Rav Akivá que ella moriría el día de su boda. Sabiendo esto, él preparó muy bien a su hija. Le enseñó gran parte de la sabiduría que yo estoy compartiendo contigo en este libro: los peligros del egoísmo, la necesidad de compartir y las formas secretas en las que yo trabajo. Sobra decir que, con una educación como esta, era una mujer que estaba preparada para ser probada.

La noche antes de su boda, ella decidió sacarse el broche que adornaba su vestido y lo pegó en la pared para no perderlo. Pero, sin ella saberlo, la aguja de su broche atravesó la fina pared y se clavó en el ojo de la serpiente que yo había enviado para matarla. No fue hasta la mañana siguiente cuando, al sacar el broche de la pared, encontró la serpiente muerta. A pesar de las predicciones que indicaban lo contrario, la hija de Rav Akivá había sobrevivido al día de su boda, sin llegar a ser tocada por mí ni por ninguno de mis agentes.

Como puedes imaginarte, Rav Akivá estaba tan eufórico como curioso por saber cómo su hija había esquivado a la muerte. Le preguntó a su hija si le había ocurrido algo fuera de lo común antes de sus nupcias. Su hija le explicó que un hombre pobre había venido al comedor del banquete de bodas buscando comida y ella le había dado de comer. Lo que parecía un simple gesto de compartir fue en realidad una de mis pruebas más exigentes. ¿Por qué? Porque, siguiendo la costumbre, la novia había hecho ayuno el día antes de su noche de bodas. Así que, ¡elegir compartir tu primera comida en 24 horas no es poca cosa! Al final, su decisión de compartir cambió el destino de aquel hombre pobre y el suyo propio. Si no hubiera sido por la preparación previa del padre y la conciencia que la inspiró a compartir, ella no habría superado mi prueba. Habría muerto, y el hombre se habría quedado hambriento.

Absolutamente todo el mundo es puesto a prueba, y todo el mundo está sujeto al principio de la Medida por Medida. Los ricos o los pobres; los educados o los no escolarizados; los buenos o los malvados. Estos calificativos no significan nada en el ámbito de la ley espiritual. Un hombre de negocios inteligente tiene una crisis y lo pierde todo, mientras que un hombre analfabeto gana la lotería. Aun los más justos son puestos a prueba. A los ojos del Creador, todo tiene sentido.

AQUEL QUE JUZGA

Por mucho que odie admitirlo, ha habido personas a lo largo de la historia que me conocían muy bien. El Creador los envió como una forma para igualar el terreno de juego. Rav Isaac Luria era uno de mis mayores adversarios. ¿Por qué? Porque Rav Isaac Luria entendía la visión global, lo cual significa que me entendía a mí. Déjame contarte una historia verdadera.

EL PANADERO Y EL MENDIGO

Había una vez un panadero que vivía en un pequeño pueblo. Un viernes por la tarde, decidió que quería hacer algo especial por el Creador para mostrarle su apreciación por las muchas bendiciones que había en su vida. Obviamente, este no fue un pensamiento inspirado por mí. De hecho, este panadero era un hombre con tanta Luz que casi era imposible para mí influenciar sobre él de manera alguna.

El panadero horneó su mejor pan y se lo llevó con él al templo. Mientras estaba parado delante del Arca, le oí decir: "Por favor, Dios, acepta este sacrificio. Quiero estar más cerca de ti". ¿Era pura Luz este tipo o no? Luego colocó el pan dentro del Arca y partió.

Cinco minutos más tarde, un mendigo entró en el templo. Estaba tan hambriento que fue al Arca y empezó a llorar como un bebé. Le oí suplicar: "Dios, ayúdame por favor".

Tuve que quedarme para ver lo que pasaba.

Cuando abrió el arca, descubrió las dos barras de pan que el panadero había dejado allí. Creyendo que había sido directamente el Creador quien las había colocado allí, el mendigo estaba eufórico, por decir lo menos. No sólo tenía comida que llevarse a la boca, sino que el Creador había considerado que era merecedor de recibir el pan; o al menos así lo creyó él.

A la mañana siguiente, observé mientras el panadero volvía al templo para ver si Dios había aceptado su regalo. Efectivamente, el pan había desaparecido, y el panadero estaba loco de alegría por haber servido al Creador. ¿Qué podía hacer yo? Absolutamente nada. No tenía ningún poder.

Una semana más tarde, el panadero llevó más pan al Arca, y de nuevo sucedió lo mismo. El mendigo tomó las barras sin dudarlo. Y esto siguió ocurriendo, semana tras semana, año tras año, hasta que pasaron catorce años.

Durante catorce años, fui incapaz de penetrar en esta Luz. Entonces, un viernes por la tarde, animé al pastor del templo a que cayera en un sueño profundo. Le despertó el sonido de una puerta que alguien estaba abriendo. Cuando miró dentro del santuario, vio como el panadero ponía el pan en el Arca y se marchaba. Unos minutos más tarde, el mendigo entró, se llevó las barras de pan del Arca y se fue corriendo.

Después de observar esta escena, vi mi "puerta de entrada": ¡el pastor! Un hombre lleno de pretensión moral. Así que puse pensamientos de indignación en su cabeza. Fue pan comido. "Yo arreglaré esto", le animé a pensar para sus adentros.

Al día siguiente, el pastor pidió al panadero y al mendigo que fueran a verle a su oficina. De nuevo, tomé las riendas:

> *¿Qué se piensan que están haciendo aquí? Uno de ustedes deja el pan dentro del Arca y el otro se lo lleva. Uno fantasea con que está trabajando con Dios, y el otro es sólo un vulgar ladrón. ¡Dios no tiene nada que ver con esta transacción! No*

tienen nada que hacer viniendo a este santuario. ¡Márchense y no vuelvan!

En ese mismo instante, el gran sabio, Rav Isaac Luria, entró y me vio allí. ¡Eso sí que es pillar a alguien con las manos en la masa! Vio mi egoísmo y mi ego con absoluta claridad. Este hombre sabio miró al pastor y le dijo: "Prepárate para morir. El Ángel de la Muerte te tiene atrapado, y vas a dejar este mundo antes de que acabe el día".

Por supuesto, le quité la vida a aquel pobre pastor antes de que se pusiera el sol.

Esta es una historia verdadera.

Y esto es lo que el pastor se negó a ver, y la razón por la cual fracasó en esa prueba importante: Dios estaba involucrado; íntimamente involucrado. No había sido una coincidencia que durante catorce años el panadero llegara siempre justo antes que el mendigo. Nunca llegaron en el orden incorrecto, ni en el momento equivocado.

¿Cómo sucedió esto? El Creador estaba tan feliz con lo que veía en este sencillo intercambio incondicional entre el panadero y el mendigo, que el templo estaba lleno de una Luz increíble; una Luz que yo no podía corromper ni comprometer. Durante catorce años, esta Luz había mantenido vivo al mendigo, pues el primer día que llegó llorando al Arca fue el mismo día que yo había planeado llevármelo.

Verás, el pastor tuvo que aprender la lección de la forma más dura. El juicio sólo se manifiesta cuando alguien lo activa enjuiciando a otra persona. Si no hubiera sido por mí y mi influencia, el pastor habría visto la visión global y habría elegido compartir tolerancia en lugar de juicio.

Pero él no pasó la prueba.

Mis formas de ponerte a prueba te empujan mucho más allá de tu zona de confort. Pero tú puedes manejarlo, especialmente si prestas suficiente atención a lo que te estoy diciendo. Y puedes empezar a prepararte ahora mismo imaginando cómo pueden aparecer mis pruebas en tu vida. Si tiendes a ser envidioso, por ejemplo, tu prueba consistirá en vencer a la envidia. Si has juzgado, tenlo por seguro que algún día se te pedirá que renuncies a tu juicio. ¿Y ese ingenio rápido del que tanto te enorgulleces? Debes saber que en algún momento, en un futuro no muy distante, tu prueba consistirá en contener tu lengua afilada y en su lugar ofrecer aceptación incondicional.

Cada prueba que pongo en tu camino está perfectamente diseñada para ti. Así que, por mucho que prefieras eludir las consecuencias de tus acciones desconsideradas, espiritualmente hablando es imposible. No puedes agitar una varita mágica con la esperanza de que tus elecciones desacertadas o sus resultados desaparezcan mágicamente. Obtienes exactamente lo que das, para bien y para mal.

Una nota final sobre este tema: las pruebas que llevas a cabo están constantemente en evolución junto contigo. Una prueba que hiciste ayer no se parecerá a la que hagas hoy. Cada prueba está en alineación perfecta con la persona que eres hoy. Llamémoslo un currículum espiritual hecho a tu medida. Y sin costo alguno.

CAPÍTULO NUEVE:

VOLVER A LA REVELACIÓN

EL MONTE SINAÍ

Vamos a visitar el emplazamiento del suceso más famoso en la historia del mundo judeo-cristiano: la Revelación del Monte Sinaí. Como estoy tratando de llegar al máximo de audiencia posible con esto —mi primera comunicación pública con la humanidad—, resumiré la versión tradicional de la escuela dominical sobre la historia de Moisés y los Diez Mandamientos para aquellos que no estén familiarizados con ella. Académicos, eruditos y fanáticos religiosos, por favor, sean pacientes.

La historia es la siguiente: hace 3.400 años, 600.000 Israelitas eran esclavos de la tierra de Egipto. Dios envió a un hombre llamado Moisés para liberar a los Israelitas. Moisés les guió en un viaje fuera de Egipto y a través del desierto hasta llegar al Monte Sinaí. Moisés subió la montaña mientras los Israelitas montaban el campamento. Dios le dio a Moisés dos tablas de piedra inscritas con los Diez Mandamientos. Mientras Moisés estaba ausente, los Israelitas empezaron a festejar. Sus juergas hicieron que, en comparación, las fiestas más salvajes de los ochenta y los noventa parecieran una reunión de té victoriana.

Pero después de un tiempo, los Israelitas empezaron a entrar en pánico. Comenzaron a preocuparse porque Moisés no volvía. Así que se hicieron con algunas joyas de oro de otros juerguistas, las fundieron y las convirtieron en la estatua de un becerro de oro: un dios fundido para reemplazar a Moisés como intermediario con la Fuerza Divina. Para su sorpresa, Moisés regresó con las Tablas. Cuando vio el becerro de oro, y a todos los Israelitas padeciendo la resaca, se sintió molesto, por decir lo menos. Así que rompió las Tablas. Y así fue como, lo que se conoce como el suceso de la Revelación, llegó a su final.

Moisés regresó a la montaña para recuperar un segundo par de Tablas, que fueron entonces colocadas en lo que se conoce como el Arca del Alianza. Toda la historia de Moisés se registró en lo que ahora llaman el Viejo Testamento, o la Biblia. Incluidos en la Biblia están los Diez Mandamientos —un supuesto código ético y moral para la vida—, los cuales comprenden "No matarás", "No robarás", y otros.

Así es como se cuenta generalmente la historia, ¿no es cierto?

Lo que falta aquí es la historia *detrás* de la historia.

LA HISTORIA REAL Y LA PRUEBA OCULTA

Primero, el suceso del Monte Sinaí era en realidad una prueba para darles la oportunidad de compensar lo que tuvo lugar en el Jardín del Edén, para darles la oportunidad de ganarse su regreso al paraíso. Por cierto, por si no lo has averiguado todavía, las personas que estaban en el Monte Sinaí comparten las mismas almas que Adán y Eva, igual que tú. Y todos ustedes están tratando de encontrar el camino de vuelta a casa.

Esto es lo que realmente sucedió: Moisés les dijo que esperaran allí mientras él volvía a la montaña para cerrar el trato con Dios. Eso era todo lo que ustedes tenían que hacer. Él les dijo que fueran un poco pacientes. "Esperen, ¡pase lo que pase! Sólo esperen". Pero no, ustedes no escucharon a Moisés. En su lugar, ustedes me escucharon a mí. Yo aparecía cada vez que una emoción negativa emanaba de dentro de ustedes. En aquella ocasión, me manifesté en la forma de impaciencia, miedo y ansiedad.

Volví a engañarles, y por eso construyeron el becerro de oro.

Ahora, si lees la historia como un código para la otra historia que está oculta en su interior, podrás ver que Dios estaba preparándoles para la victoria. La potente combinación de Moisés erradicando su ego y ustedes batallando conmigo en la falda de la montaña y resistiéndose a la impaciencia y la juerga egoísta, hubiera sido suficiente para poner fin a mi reino sobre la humanidad. Moisés hizo su parte, pero ustedes no hicieron la suya. Sólo tenían que experimentar el breve dolor de resistirse a la impaciencia hasta que Moisés volviera.

Eso era todo lo que tenían que hacer.

Pero se negaron a aceptar el dolor. Eligieron el placer en su lugar. Sexo, drogas y *rock and roll.* Lo convirtieron en una auténtica orgía. Moisés llegó a la Luz teniendo en cuenta las necesidades de los demás. Ustedes rechazaron la Luz del Monte Sinaí teniendo en cuenta sus propias necesidades por encima de las de los demás.

La verdad es que les engañé para que creyeran que Moisés quizá no volvería. Les puse ansiosos e impacientes. Les animé para que actuaran prematuramente. Les preocupé acerca de perder esa sensación de elevación, esa conexión con la Luz. El becerro de oro fue su atajo para sentirse bien.

Y todavía hoy están haciendo lo mismo, sólo que los becerros de oro actuales no son estatuas. Son las drogas que les hacen sentir bien, los famosos que colocan en un pedestal, el marketing que se creen, la cirugía estética sin la que no pueden vivir, las dietas, el resplandor vacío... ¿es necesario que siga? El becerro de oro de la actualidad es cualquier cosa que les hace sentir bien en el momento, cualquier cosa por la que no tienen que trabajar, cualquier cosa que al final del día les haga sentir menos merecedores y más desconectados de Dios, y más como el esclavo en el que se han convertido.

Afróntenlo, cada día le dan poder al becerro de oro. Cada día confían en que algo que no sea Dios les traiga alegría. Creen que esa felicidad viene de ese dinero, de esa cosa o esa persona, en lugar de saber con certeza que sólo puede venir de la Luz.

Cuando eligen el becerro de oro, renuncian a la inmortalidad. Toman la manzana del Árbol del Conocimiento, en lugar de tomarla del Árbol de la Vida Eterna. Y eso es lo que hicieron en el Monte Sinaí. Tomaron la salida más fácil. Eligieron el camino más rápido a la Luz, en lugar de esperar lo verdadero. Eligieron la euforia externa en lugar de la dicha eterna. También es cierto que fui yo quien les ofreció esa opción. Y esa era la prueba. La prueba que fallaron. No estaban preparados, de la misma forma que no estaban preparados en el Jardín del Edén; no estaban preparados.

Más específicamente, no estaban preparados para luchar contra mí y contra la poderosa fuerza de la impaciencia que utilicé. Pero si hubieran sido capaces de resistir el impulso a reaccionar, se habrían ganado toda la Luz y la energía que Moisés estaba bajando de la montaña. ¡Y yo me habría desvanecido para siempre del paisaje de la civilización humana! En su lugar, intentaron conectarse con todas las Diez Dimensiones antes de erradicarme de su naturaleza. Esa fue su perdición.

Cuando Moisés rompió las Tablas, fue un símbolo. Significó que la conexión de ustedes con las Dimensiones Ocultas se había roto. Se había cortado y despedazado. ¿Y saben lo que sucedió después? Que la muerte renació.

Y aquel día nació otra cosa.

¿Adivinan qué?

La religión.

LA CHARADA

Seré totalmente sincero. En realidad no hubo Mandamientos en el Monte Sinaí. Lo digo en serio. ¿Y todo el concepto de los "Mandamientos"? Fue idea mía. De verdad. Si lees el Antiguo Testamento en su versión original en hebreo, verás que dice que Dios dio los Diez Enunciados en el Monte Sinaí; Dios nunca dio Diez Mandamientos.

Y aquí tienes uno de mis secretos mejor guardados: Dios no da órdenes, Dios no castiga. Y el Señor de la Creación definitivamente no premia. Estas también son creaciones mías. Yo inventé esos conceptos y los integré en los sistemas de creencias religiosos.

¿De verdad crees que un Dios que es todo amor te castigaría por cometer un error involuntario? ¿O que Dios te metería en un mundo en el que se te castiga por caer en la tentación, especialmente cuando las cartas que te han tocado son desfavorables desde el momento en que naciste?

¿Es ese tu Dios? No. Ese soy yo disfrazado de Dios. Es el Dios que yo inventé para impedir que conocieras al Dios verdadero. El verdadero Dios no castiga. Él no premia. Dios sólo comparte. Y punto.

Y lo que él comparte es la bondad infinita.

Nada malo puede emerger de una Fuerza con una Luz así. Nada. Tampoco Dios premia el buen comportamiento. Dios no es una máquina tragamonedas. Y Dios no te penaliza por tus pecados. El universo no es un tribunal popular, ni Dios es un juez.

¡Dios simplemente es!

Y el "es" sólo es bueno. Amable. Amoroso. Placentero. Idílico. Abrumadoramente delicioso.

EL HOMBRE INVISIBLE

Admito que incluso yo me reía cuando George Carlin solía despotricar sobre la religión y Dios. Solía ver su actuación en Las Vegas siempre que tenía ocasión. Hice mi mejor intento con George; le enganché a las drogas, y al ego. Pero George me descubrió en todo el tema de Dios y la religión. George lo comprendió.

Aunque cueste creerlo, en lugar de provocar un levantamiento en contra de la religión, la crítica encarnizada de George simplemente hacía reír a la gente. Esto es una muestra de lo que decía:

> *"Cuando hablamos de tomaduras de pelo —de tomaduras de pelo monumentales, de las de campeonato— tienes que quitarte el sombrero ante la campeona absoluta de todas las falsas promesas y las afirmaciones exageradas: la religión. ¡Está fuera de concurso! De hecho la religión ha convencido a las personas de que hay un hombre invisible que vive en el cielo y que observa todo lo que haces, cada minuto de cada día. Y ese hombre invisible tiene una lista especial de diez cosas que no quiere que hagas. Y si haces alguna de estas*

diez cosas, tiene un lugar especial, lleno de humo y fuego y tortura y angustia, donde te enviará a vivir y sufrir y quemarte y ahogarte y gritar y llorar para siempre, ¡hasta el fin de los tiempos!

Pero Él te ama. Te ama, ¡y necesita dinero! ¡Él siempre necesita dinero! Él es todopoderoso, todo perfección, todo conocimiento, todo sabiduría pero, de alguna forma, ¡el tipo no sabe manejar el dinero! La religión se lleva millones de dólares, no paga impuestos y siempre necesita un poco más. Esa sí que es una tomadura de pelo. ¡Madre de Dios!".

George se dio cuenta de mi juego. ¿Un viejo hombre sabio e invisible? ¿Con una barba larga y suelta? ¿Y una bata brillante? ¿Sentado en un trono celestial? Es un absurdo. Siento reventar tu burbuja, ¿pero cómo puede una Fuerza Divina infinita caber en un cuerpo físico finito? Yo te alimenté esas alocadas imágenes antropomórficas para impedir que descubrieras la verdad. ¿Y cuál es la verdad?

Que Dios es una Fuerza brillante y omnipresente de energía ilimitada. Punto. Y esta Fuerza consiste en felicidad, sabiduría y bondad eternas e infinitas, más allá de la comprensión humana. No hay nada negativo, ni malo, ni enjuiciador en esta Fuerza. Nada.

¿Demasiado abstracto? ¿Te cuesta comprenderlo? Fíjate en la fuerza de la electricidad. Está en todas partes. En las paredes. En el aire. Fluyendo a través de tu cuerpo. La electricidad no castiga, no penaliza ni premia. Si conectas una computadora a un enchufe y te embolsas unos cuantos miles de dólares vendiendo mercancías en eBay, te sentirás muy bien. Pero si metes tu dedo en el mismo enchufe, te quedarás bien tostado. ¿Pero quién en su sano juicio diría que la corriente eléctrica te premió o te castigó deliberadamente? La electricidad nunca cambió. ¡La electricidad simplemente es!

La forma en que te conectas a esta poderosa fuerza oculta, invisible e inodora, determina si los resultados son positivos: dinero en el banco, o negativos: dedo a la parrilla.

LA CORRIENTE DIVINA

La Fuerza infinita que llamas Dios opera de la misma forma. Dios no es un hombre invisible que está en el Cielo. La palabra *Dios* se refiere a una Conciencia de la Fuerza de Compartir, pura e infinita. Esta Fuerza sustenta el universo entero. Cada molécula, cada átomo, cada partícula subatómica está sustentada por esta Fuerza oculta. Esta Energía también es la fuente primordial y absoluta de toda sabiduría, felicidad, conocimiento, alegría, curación, prosperidad y vida.

SÓLO TÚ

Escúchame bien: Dios no causó tu caos. Tú lo hiciste. Tu comportamiento es la Causa. Pero a menudo no ves la conexión entre Causa y Efecto porque yo te ciego con la ilusión del azar; de la aleatoriedad; de la suerte.

Pero tengo una noticia para ti: la suerte es una gran mentira. Dentro del caos de la vida subyace un orden impecable. Pero tú ni siquiera puedes concebir, ni por un momento, que tu comportamiento hacia tus semejantes sea la única Causa tanto de las bendiciones como del caos que atraes en la vida. El comportamiento humano es la Causa de todas las enfermedades, tanto globales como personales. Aun cuando la naturaleza contraataca con un terremoto o un tsunami, la Causa es el comportamiento humano.

No puedes verlo. No puedes aceptarlo. Suena demasiado simple. Pero la verdad es que "Ama a tu prójimo" es una magnífica pieza de tecnología. Es todo lo que necesitas para crear un mundo de orden perfecto. Créeme.

Ahora que entiendes la verdadera lección del castigo y la recompensa, deja que te revele la historia todavía más profunda que se oculta detrás de Moisés y los Diez Enunciados. Te he engañado durante 34 siglos, así que llegó el momento de contarte el secreto.

LA PRISCA TEOLOGIA: LA SABIDURÍA SECRETA

Hace mucho tiempo, hace unos 3.400 años, las almas colectivas de la humanidad se enterraron en un agujero profundo. Muy profundo. Durante siglos, vivieron sólo para gratificar sus deseos egoístas primarios. Yo era su dueño. Esta es la esclavitud que tuvo lugar en la historia de los Israelitas en Egipto que aparece en la Biblia. En realidad, la historia de los Israelitas esclavizados en Egipto se refiere al hecho de que toda la humanidad estaba esclavizada por mí. Y esta vida de esclavitud era todo lo que estas almas conocían.

Por consiguiente, la humanidad estaba al borde de desconectarse completamente de la Fuente. El planeta se estaba enfrentando a la destrucción total. Así que Dios intervino y les lanzó de nuevo una cuerda de salvamento. Él reveló una tecnología y sabiduría (no una religión) que permitiría al planeta entero conectarse de nuevo a la corriente eléctrica llamada Dios. Como mínimo, les pondría de nuevo en igualdad de condiciones conmigo.

Como máximo, causaría el paraíso, la inmortalidad y la desaparición de su servidor.

¿Cuál es esa tecnología y sabiduría secreta? ¿Dónde se halla? Sólo unas pocas almas de cada generación la han conocido. Newton, Platón y Pitágoras la conocieron. También Teófilo Gale, el renombrado filósofo del siglo XVII. Añade también al famoso Conde de la Mirándola, también conocido como Giovanni Pico, un gran místico cristiano y un hombre de gran poder intelectual. Gottfried Leibniz, inventor del cálculo durante el Renacimiento, también entendió esta tecnología.

Estos hombres creían que toda la sabiduría del mundo, incluida la sabiduría religiosa, la filosofía griega y la ciencia, tenía sus raíces en la sabiduría secreta entregada a Moisés en el Monte Sinaí. Ellos la llamaron *Prisca Teologia,* que significa "la teología más antigua" o "la sabiduría primordial". Era un conocimiento universal que tenía el poder de transformar al mundo, unificar a toda la humanidad y liberar al mundo de mi influencia. En arameo, se llama "la Sabiduría de la Verdad".

Como puedes imaginar, yo tenía que asegurarme de que la mayoría de las personas nunca comprendieran este concepto. Así que lo tergiversé, lo corrompí y me aseguré de que lo llamaran religión. Pero Newton y compañía entendieron que la religión organizada nunca fue parte del trato en el Monte Sinaí. Nunca.

No estoy diciendo que la Biblia sea falsa. Simplemente digo que el verdadero significado de la Biblia está oculto intencionalmente bajo el texto literal. Para encontrarlo, tienes que profundizar, buscar y estudiar. A lo largo de la historia, te he convencido de que no había ningún significado oculto en la Biblia. Te dije que la siguieras literalmente. Y escuchaste. De hecho, a muchos de ustedes les costará creerme ahora mismo. Pero ese es su problema. Yo sólo estoy haciendo mi trabajo.

Pero muchos de los pensadores más brillantes de la historia, desde Newton hasta Platón, sabían que había una *Prisca Teologia,* una sabiduría secreta que revela las verdades ocultas de la Biblia.

EL CAMINO DE LA SABIDURÍA ESPIRITUAL

Cuando comprendes la *Prisca Teologia,* el significado profundo de un texto bíblico, la Biblia hace algo extraordinario: libera Fuerzas Divinas que, al transformarte a ti, pueden transformar tu mundo. Específicamente, cada vez que encuentras un secreto dentro de la Biblia, esa sabiduría erradica una medida de mi influencia en tu vida.

Esta es la única razón para aprender la *Prisca Teologia*. No es para ser más sabio o intelectualmente superior. Es para ser más capaz de encarar las pruebas, de forma que puedas limitar mi influencia en tu conciencia. Y a medida que me vuelvo menos poderoso, toda la gente del mundo llegará a reconocer su unidad; llegará a reconocer que sólo yo estaba detrás de todo el odio, el conflicto, la guerra y las muertes que tuvieron lugar por todo el paisaje de la civilización humana. A través de la *Prisca Teologia* —la sabiduría oculta— la Biblia se convierte en un camino hacia la inmortalidad y la felicidad eterna.

Sin embargo, si lees la Biblia literalmente, se convierte en una fuerza para la muerte. ¿Te cuesta creer eso? ¿Piensas que es una coincidencia que durante dos mil años se hayan producido más matanzas en nombre de la religión que por cualquier otra única causa? La Biblia es como la electricidad. Estúdiala literalmente, y meterás tu dedo en el enchufe. Busca su verdadero significado, ¡y la electricidad iluminará tu vida!

Este es el motivo por el cual las grandes mentes de la historia han buscado los secretos que encierra la Biblia por todo el mundo. Newton. Los caballeros Templarios. Pitágoras. ¿Los encontraron? No te lo diré. Tienes que ganarte la Luz por ti mismo. Pero sí puedo compartir contigo algunos secretos codificados en la historia de Moisés y los Diez Mandamientos. Hasta ahí puedo hacer por ti.

Empezaré por los Diez Enunciados.

LOS DIEZ ENUNCIADOS

Este mundo es donde te pongo a prueba. Este mundo es donde se te brinda la oportunidad de convertir la oscuridad en Luz, el odio hacia ti mismo en aceptación, y la vergüenza en amor. Este mundo es tu oportunidad para volver al Jardín del Edén. Esta es la forma en que se ha dispuesto. Pero, tal como mencioné, hay otras nueve Dimensiones más allá de esta realidad física. No puedes experimentarlas con tus cinco sentidos, pero son la fuente de toda bondad. La Luz de Dios llena cada esquina de estas otras Dimensiones.

¿Está aún abierta tu Biblia? Si lees el Génesis, verás que la frase: "Dios dice" se menciona diez veces. Estas son las Diez Afirmaciones, o los Diez Enunciados. Por supuesto, Dios en realidad no dice cosas, al menos no en el sentido tradicional. Estos enunciados son el código para las Diez Dimensiones de las que te acabo de hablar.

¿Para qué necesitamos todas estas Dimensiones? Dios necesitaba cubrir su Luz para poder crear la ausencia de Luz, o la oscuridad. Así que Dios erigió diez velos, cada uno de los cuales atenuaba la Luz que irradiaba del ser de Dios.

Ahora voy a hacer algo que nunca hago. Voy a exponer una de mis grandes debilidades. ¿Por qué ahora? Porque, como ya dije antes, están en una coyuntura crítica en la historia de la humanidad. Llegó el momento de equilibrar el terreno de juego.

¿Estás preparado?

Ahí voy: **Yo no puedo acceder a esas Dimensiones Ocultas.** Están fuera de mis límites. No tengo ningún poder allí; cero. Esas dimensiones pertenecen a Dios, lo cual significa que se hallan precisamente allí donde tu Fuente de todo lo bueno se esconde.

MIS FRONTERAS GEOGRÁFICAS

Sólo deambulo por este mundo (y por la undécima Dimensión), donde me alimento de tu energía negativa. Tu trabajo consiste en evitarme y conectarte con las Dimensiones Ocultas; de esa forma traes energía a esta Dimensión oscura y abandonada por Dios llamada Tierra. Si puedes acceder a estas Dimensiones Ocultas, no puedo tocarte. No puedo presionarte. Sólo tengo un lugar para jugar contigo: el planeta Tierra. Sí, esta realidad física. La calle Hollywood con Vine. La calle 42 con Broadway. El Boulevard Saint-Michel con Saint-Germain. La calle Yonge con Bloor. La Avenida de Mayo con 9 de Julio, y el Obelisco. El cruce de Shibuya.

Mi trabajo consiste en ponerte difícil que entres en las Dimensiones Ocultas y accedas a la Luz. Te lanzo retos, te envío por desviaciones, pongo obstáculos en tu camino; todo para que puedas vencerme y ganarte tu derecho a reconectarte a esas Dimensiones de Luz, al Jardín, al paraíso.

Así que tenemos dos reinos: un reino de oscuridad (mira a tu alrededor) y un reino de Luz compuesto por Nueve Dimensiones (mira en tu interior). Juntos, conforman las Diez Dimensiones. Y esto, amigos míos, es el sistema espiritual. Si alguna vez piensas vencerme, debes saber que este sistema es la clave, la puerta, la conexión y el camino de vuelta a casa, a Dios.

Una vez sabes esto, siempre funciona. No sólo a veces. ¿Cómo llegas a saber algo? Sólo a través de la experiencia personal. No puedes simplemente fiarte de las palabras de otro. No puedes limitarte a creer en algo. Tienes que saberlo. Porque saber algo significa que estás teniendo el 100% de éxito; un diez sobre diez. Por otra parte, creer algo significa que tienes un 20% del éxito; un dos sobre diez. ¿Quién en su sano juicio quiere elegir una vida en la que sólo obtiene el 20% de lo que quiere para ser feliz?

EL JUEGO DE LAS CREENCIAS

El saber está en el corazón de la felicidad eterna, pero tú continúas confiando en creer. No sólo eso, sino que discutes sobre qué sistema de creencias es el correcto.

En la Biblia, Génesis 4:1, dice:

> *"Conoció Adán a su mujer Eva, la cual concibió y dio a luz a Caín".*

Cuando lees la Biblia literalmente, suena como si cada mujer que conoce un hombre pronto llevará en su vientre el hijo de su amor. Absurdo, creo que estarás de acuerdo conmigo.

La *Prisca Teologia* revela la verdad. En este pasaje en particular, Adán y Eva son metáforas. Eva es una metáfora para la humanidad. ¡Tú! Adán es una metáfora para la Luz Divina, la más simple y profunda felicidad que puedas imaginar. La única forma de conectar la Tierra con lo Divino, y de conectarte a ti con la felicidad verdadera, es a través del conocimiento. ¿Te das cuenta de lo que está ocurriendo aquí realmente? Cuando la Biblia dice: "Conoció Adán a su mujer Eva, la cual concibió y dio a luz a Caín", la palabra "conoció" sustituye a la palabra "conocimiento".

EL CONOCIMIENTO ES LA CONEXIÓN

El conocimiento te da las Reglas Universales del Juego de la Vida. El conocimiento te permite conectarte con lo Divino, conectarte a la satisfacción infinita. Accedes a las Dimensiones Ocultas cuando pasas una prueba, o creces a partir de una prueba fallida.

¿Estás empezando a tener una idea de hacia dónde se dirige todo esto? La oscuridad y el sufrimiento ocurren cuando te desconectas de estas Dimensiones Ocultas de Luz. Igual que ocurre cuando desconectas una lámpara de la pared. Moisés hizo la conexión cuando me venció, cuando conectó este mundo físico con el mundo de Luz. Eso no quiere decir que pasara todas las pruebas; no lo hizo, pero ese es un tema para otro libro. Para el propósito de estas páginas, déjame decirte que Moisés actuó bien y me atrapó en mi juego.

Todas las Dimensiones estaban alineadas y conectadas como una sola. La Luz volvió a encenderse. La Oscuridad dio paso a la Luz. La muerte desapareció. Los Israelitas y toda la humanidad se liberaron de mis garras. Tal como revelé antes, no hay mandamientos. Moisés se conectó a las Diez Dimensiones y volvió a encender la Luz, y lo hizo en virtud de su comportamiento desinteresado. Y nada más. No hubo magia, tampoco nada sobrenatural. No hubo mandamientos de Dios. La subida de Moisés al Monte Sinaí es un código para la conexión que hizo Moisés entre este mundo físico y la Fuente Oculta. ¡Ese es el secreto! Un secreto oculto al mundo (por mí) por más de 34 siglos. Admítelo. Hice un trabajo endiabladamente bueno.

EL MAPA

Entonces, ¿qué pasó? Sabemos que la historia no acabó ahí, con la instauración del paraíso como la nueva realidad. Viste cómo los Israelitas perdieron su oportunidad de oro, gracias a mis esfuerzos. Si hubieran ganado, habría sido demasiado fácil. El Juego estaba todavía en su fase inicial. Necesitas ganar este Juego por ti mismo, ¿recuerdas? Tienes que ganártelo todo por tus propios medios. Y, créeme, te daré muchas oportunidades de que lo lleves a cabo. De hecho, en la siguiente parte de este libro revelaré todas y cada una de las formas en las que te pongo a prueba, te desafío y te ayudo para que te ganes tu permanencia en el paraíso.

Así que hazme un favor: no lo estropees, ¿de acuerdo? Parece que Dios cree que esta vez puedes conseguirlo. Y, por supuesto, ¡sobra decir que yo no estoy tan seguro! Pero adelante, demuéstrame que estoy equivocado. Con los trucos que te voy a dar, tendrías que ser un idiota para hacerlo mal esta vez.

PARTE II:

LAS PRUEBAS

2

CAPÍTULO DIEZ:

PRUEBA NÚMERO UNO

¿PUEDES CONFIAR EN TU CONEXIÓN CON DIOS (PASE LO QUE PASE)?

ÍDOLOS FALSOS

Como los Israelitas que idolatraron al becerro de oro, tú también eres un esclavo. No trates de negarlo. ¿Eres adicto a la cafeína, la comida, el sexo o el alcohol? ¿Estás perdido sin tu conexión a Internet o sin el televisor? Si lo estás, entonces estás renunciando a tu poder. En lugar de acceder a las Dimensiones Ocultas, que contienen todas las formas de satisfacción que puedas experimentar, estás buscando la "manzana"; estás confiando en las grasas y el azúcar, las drogas y el alcohol, los ornamentos y la adrenalina, o cualquier otro placer externo.

Estás esclavizado porque no piensas que Dios puso en funcionamiento un sistema para que alcanzaras el éxito. No piensas que Dios te preparó para ganar. Pero Dios sí lo hizo. Y ésta es tu primera prueba: ¿puedes confiar en el sistema de Dios? ¿Puedes confiar en tu conexión con Dios? Si no puedes, entonces eres mío. Todo mío.

EL SISTEMA EN FUNCIONAMIENTO

Tendrías que ser ciego para no verlo. ¡Abre tus ojos! El planeta mismo en el que vives forma parte del más intricado de los sistemas: la Vía Láctea, la Luna, el Sol, la relación entre los distintos cuerpos celestes, la rotación de la Tierra; todo está perfectamente orquestado. El universo en el que tú y yo vivimos existe como parte de un estado perfecto, en el que vives gran parte de tu vida de forma totalmente inconsciente. Dormido al volante. Por supuesto, en el transcurso de la historia has descubierto que la Tierra no es plana, y que existen otras galaxias más allá de esta. ¡Bien por ti! Pero todavía sigues sin conocer la visión global.

Tan pronto como averigües que hay más en la vida de lo que ves, entonces estarás en el camino para derrotarme. Confía en que hay un sistema en funcionamiento, aún cuando no haya una prueba visible. Y confía en que todos los desafíos —todas las pruebas— que afrontas en tu vida están diseñadas para llevarte al mejor resultado, aunque no lo parezca en ese momento. En general, te falta perspectiva porque yo te pongo vendas en los ojos. Pero viniste aquí a trabajar en eso.

Todos los miedos que experimentas en la vida están basados en tu falta de confianza en la visión global. Por supuesto, tienes preguntas. Muchas preguntas. Claro, te sientes solo. Y todo eso es obra mía. No he dejado que supieras que estás a sólo un paso de encontrar las respuestas y de sentirte completamente conectado a algo maravillosamente poderoso, más allá de la razón. Estás tan ocupado escuchándome a mí, que a menudo te rindes antes de dar el último paso, antes de agotar hasta el último recurso.

La verdad, si debes saberlo, es que la respuesta existía antes de la pregunta. Yo creé la pregunta. Las respuestas estuvieron siempre ahí, igual que Dios estuvo y estará siempre. Dios es la Dimensión de las respuestas. El hogar contiene todas las respuestas. Pero tú abandonaste el hogar para encontrarlas por ti mismo. Todo eso está muy bien, pero ahora ni siquiera estás buscando respuestas. Te has conformado. Te has conformado con una vida llena de las preguntas que yo pongo en tu cabeza. Y estoy aquí para decirte que eso es un gran, gran error.

Saber que hay un sistema te permite hacerte responsable de encontrar la verdad. Dejas de ser una víctima, un buscador que salta de una causa a otra. ¡Me encantan los buscadores! Pero, si quieres vencerme, tienes que convertirte en una persona que encuentra.

CAPÍTULO ONCE:
PRUEBA NÚMERO DOS
¿QUIÉN SABE QUÉ ES LO MEJOR? (RESPUESTA: DIOS.)

¿Qué harías si alguien en una posición de poder en tu vida te pidiera que abandonaras tu hogar, tu familia, tu trabajo y tu comunidad sin ofrecerte ninguna garantía de lo que pasaría a continuación? Dios hizo esta petición repentina a Moisés, así que también podría hacer lo mismo contigo. ¿Qué harías entonces?

Lo apuesto todo a que te reirías. Sé que lo harías. ¿Por qué? Porque piensas que sabes qué es lo mejor. Admítelo. Sé que es así. El momento preciso en que piensas que necesitas hacer el papel de sabelotodo, es precisamente el momento en que debes sólo callarte y escuchar. Haz exactamente lo que se te desafía a que hagas, a pesar de que pienses que sabes qué es lo mejor. ¡Créeme, no lo sabes!

Esto es así porque sólo el Creador tiene la perspectiva para saber tu verdadero propósito y para ayudarte a lograrlo. Verás, viniste aquí para hacer un trabajo específico, y mientras mi tarea es desviarte de tu propósito verdadero, el Creador está haciendo todo lo que está en su poder para llevarte hacia éste. La pregunta es: ¿cuánto tiempo me dejarás que te siga llevando por el mal camino? ¿Cuánto tiempo te seguirás negando a ti mismo una vida de propósito y plenitud?

EL REY DAVID

El rey David y su mejor amigo Jonatán comprendieron todo esto. Ellos no me permitieron de ninguna forma que estropeara la conexión entre ambos, o con el Creador. Quizá conozcas la historia de estos dos hombres. Si no la conoces, te daré la versión corta. David, quien estaba destinado a ser rey, era el mejor amigo de Jonatán, hijo del rey Saúl y el justo heredero al trono. Tanto David como Jonatán tenían tanta confianza en el Creador, al igual que tanto amor el uno por el otro, que ambos estaban dispuestos a renunciar al trono, si fuera necesario, para mantener su amistad.

¿Puedes imaginarte tener este tipo de fe en el Creador? ¿Ese tipo de amor por otra alma? ¿La certeza de que el Creador sabe qué es lo mejor? ¿Puedes imaginarte tener la fuerza de voluntad para decir: "Estoy aquí y estoy dispuesto a hacer todo lo que sea necesario"? David estaba dispuesto a quedarse o a marcharse. Estaba dispuesto a dejar a su mejor amigo y abandonar el reino basándose en los deseos de Dios. Así de claro. ¡Intenta hacerlo tú!

¿Tienes lo que se necesita para hacerlo?

HAZ LO QUE TE DIGAN

Si el universo te anima a actuar ahora, te conviene absolutamente hacerlo. Si el universo te deja claro que necesitas quedarte donde estás, entonces quédate donde estás. Por una vez en la vida, no me escuches a mí.

Eso significa que si te encuentras atrapado en México debido a un problema con el pasaporte o algún otro enredo, debes saber que hay Luz para revelar en el lugar exacto en el que te encuentras; ya sea para ti mismo o para aquellos que están a tu alrededor, o para ambos. O si vas a viajar a otro lugar y pierdes tu vuelo, y te tienes que quedar en el aeropuerto durante horas, también hay un motivo para eso. Hay un trabajo que hacer ahí; quizás en la forma de una conversación que te cambiará la vida o de alguna otra experiencia más sutil, aunque no menos importante. Encuentra alivio en saber que pase lo que pase finalmente en tu vida, en tu comunidad, o en el mundo, eso es exactamente lo que tiene que ocurrir.

No sirve de nada resistirte a tu ubicación o tu situación. Intentar controlarla no te llevará a nada más que a sentirte frustrado. ¡Ábrete para ver lo que el Creador te está mostrando! Si puedes hacerlo, me darás una patada. Así de claro.

¿Conoces la historia sobre el hombre que está colgando de un precipicio, en plena tormenta de nieve? Le suplica a Dios que le ayude. Dios dice: "Sólo suéltate, y yo te agarraré". Yo estaba ahí escuchando, así que le dije al hombre: "¿Estás loco? Morirás". El hombre no hizo nada, y a la mañana siguiente encontraron al pobre, muerto por congelación, colgando todavía del precipicio, a tan sólo un metro del suelo.

Yo gano cuando te convenzo de que tomes malas decisiones. Tú ganas cuando te sueltas; es decir, cuando sueltas lo que crees que es bueno para ti. Eso es así porque cuando lo haces, obtienes más de lo que nunca pensaste que fuera posible. Y yo, te lo puedo asegurar, no vivo en el reino de las posibilidades. Ese es el terreno de Dios.

CAPÍTULO DOCE:
PRUEBA NÚMERO TRES

¿PUEDES APRENDER A ESPERAR (POR EL MOMENTO ADECUADO)?

Cuando plantas una semilla en la tierra, ¿da frutos al instante? Por supuesto que no. Tampoco esperarías que lo hiciera. Todas las cosas que dan frutos permanecen ocultas por un tiempo. Esta es una Verdad Universal tanto en el mundo físico como en el espiritual; se llama Ocultamiento, ¿y quién mejor para hablarte de todo lo oculto que tu servidor?

Verás, si le das tiempo al proceso de Ocultamiento, te aseguras de que se desencadenen grandes cosas en el mundo. Por otra parte, si intentas acelerar el proceso, no tendrás nada más que una semilla inactiva sin brote a la vista. ¿Te suena como algo parecido a la muerte? A mí desde luego sí.

Entonces, ¿qué significa mi metáfora de la semilla para ti? Significa que antes de que tu grandeza pueda revelarse, tu paciencia será puesta a prueba. Y no sólo tu paciencia. Pondré a prueba tu ego, esa necesidad de estar allá afuera y ser importante ahora mismo. Te daré un consejo, a modo de preparación. Cuando llegue el momento de la decisión, escucharás una voz dentro de ti que dirá: "¿para qué esperar si lo puedes tener todo ahora?".

¿Adivinas de quién puede ser esa voz?

INCUBACIÓN DIVINA

Hay un periodo en la vida de cada persona en la que sabe que es capaz de mucho más de lo que está haciendo, y su deseo de pasar a la acción es casi palpable. Pero recuerda esto: todo gran trabajo —ya sea un esfuerzo espiritual, de negocios o intelectual— requiere un periodo de incubación.

En otras palabras, no puedes limitarte a querer algo; tienes que esperarlo. Toma como ejemplo la empresa Microsoft. No se convirtió en una empresa multinacional en un solo día. Bill Gates trabajó relativamente en la sombra durante años antes de que su compañía obtuviera el éxito que hoy disfruta. Son los tipos listos —los que todavía no he conseguido agarrar con firmeza— los que reconocen que podrían ofrecer todavía más al mundo si salieran de su campo visual durante un tiempo para reflexionar y madurar. Sólo con una conciencia de humildad y abertura puede una persona entender la naturaleza de Ocultamiento. Eso se debe a que si careces del deseo de esperar y ver lo que la Luz tiene reservado para ti, entonces estás bajo mi poder. De hecho, doy lo mejor de mí cuando trabajo con personas que son adictas a ser el centro de atención, que carecen de paciencia y que tienen una gran necesidad de reconocimiento.

El ejemplo más relevante de ocultamiento que puedo darte está relacionado con un Kabbalista llamado Rav Shimón bar Yojái. Él era un hombre intocable para mí, un hombre conectado plenamente a la Luz.

RAV SHIMÓN BAR YOJÁI

Rav Shimón vivió en Israel durante el siglo II, una época muy turbulenta del dominio romano. Rav Shimón estableció su residencia en una cueva apartada en las montañas. Muchos creían que estaba intentando escapar de la persecución de los romanos, pero esto no tiene mucho sentido, puesto que Rav Shimón era uno de los hombres más poderosos que ha caminado sobre la Tierra. Él era uno de los pocos hombres que me invocó, me desafió y me venció. Su presencia en este mundo creaba tanta Luz que no podía haber libre albedrío; cuando estabas en su presencia, ¡no podías de ninguna manera realizar una elección negativa!

Rav Shimón se puso a sí mismo en un estado de Ocultamiento para poder llevar a cabo el mejor trabajo posible en tu nombre. La verdad sea dicha, él no quería repetir el mismo error que cometió Moisés de dejar parte del trabajo a otras personas que podían estropearlo. Fue durante la época que Rav Shimón pasó en aquella cueva cuando reveló el Zóhar, el arma más poderosa para ser utilizada en la lucha contra mí. El Zóhar contiene toda la sabiduría del universo, junto con la Luz Oculta que puede en última instancia erradicarme de esta dimensión.

Como puedes imaginarte, intenté detenerle. Este hombre demostró tener una paciencia extraordinaria. Él entendió el proceso por completo. Tenía en sus manos el regalo más poderoso que jamás haya visto la humanidad, y sin embargo lo mantuvo oculto, no sólo a lo largo de su vida, sino también a lo largo de las generaciones que le siguieron. Tuvieron que pasar 1.200 años antes de que su gran obra fuera revelada a la humanidad.

¿Cuál es la verdad detrás del Ocultamiento? Cuando estás oculto y no alardeas de tu grandeza, cuando estás escondido del mundo exterior, en realidad te estás ocultando de mí. Es la única forma en que tu semilla puede crecer y florecer sin mi influencia.

Durante trece años, Rav Shimón vivió con su hijo, Rav Elazar, completamente aislado en una cueva mientras se le revelaba la sabiduría más grande del universo. Su disposición a esconderse y a renunciar a las necesidades de su cuerpo y a las comodidades fue lo que le hizo merecedor del permiso para recibir este conocimiento y servir como canal para traerlo al mundo.

MIS TÁCTICAS

Para disuadirte de los beneficios del Ocultamiento, colocaré los siguientes pensamientos en tu mente:

- La paciencia no me llevará a ningún lugar.
- Tengo que hacer que las cosas sucedan ahora.
- ¿Por qué nadie reconoce lo que estoy haciendo, y lo maravilloso que soy?

Para pasar la prueba del Ocultamiento, debes aprender a ignorar estos pensamientos y contentarte con no ser conocido y con no saber cuándo llegará en el momento adecuado. Tienes que dejar de prestar atención a mi voz, que dice: "¡Es ahora o nunca!".

Considera el nacimiento de un niño. Sin duda, no hay otro momento en tu vida en el que seas tan similar al Creador. Y sin embargo, han de pasar nueve meses, desde el ocultamiento a la revelación, antes de que el milagro de la vida se complete.

En resumen: hay un tiempo y un lugar para todo, y sólo Dios puede determinarlo. Pero yo haré todo lo que pueda para convencerte de que depende de ti (de mí) tomar la decisión. Y si escuchas mis palabras, haré que salgas antes de que sea el momento adecuado o haré que permanezcas escondido, que es algo muy distinto al Ocultamiento. Cuando te escondes, tengo pleno dominio sobre ti.

CAPÍTULO TRECE:

PRUEBA NÚMERO CUATRO

¿PUEDES ADMINISTRAR EL DINERO DE DIOS? ¿O DEBO HACERLO YO POR TI?

Hay una cosa que la gente malinterpreta constantemente en este mundo físico, más que ninguna otra. Esa cosa es el dinero: el botín, el pan, la guita, la lana, el billete... ya sabes de lo que hablo. El truco consiste en que el dinero tiene un aspecto tanto físico como espiritual, razón por la cual la mayoría de la gente no sabe cómo manejarlo. Así es cómo puedes comprobar que el dinero no es una entidad estrictamente física: ¿es el papel impreso lo que ansías, o es la forma en que el dinero te hace sentir?

Me lo imaginaba.

Mi intervención consiste en hacerte creer que tienes pleno derecho a recibirlo o, por el contrario, hacerte creer que no te lo mereces. Con una pequeña ayuda de mi parte, la mayoría de las personas tienen reacciones ante los problemas monetarios que nunca tendrían ante otros aspectos de sus vidas. Si quieres ver un comportamiento verdaderamente egoísta, pon el dinero en la ecuación y verás lo que sucede.

Si tienes dinero, es casi seguro que abusarás del poder que te da. Y si no tienes dinero, probablemente estés consumido por esta carencia. ¿Hay algún amigo al que no traicionarías si estuvieran en juego decenas de millones de dólares? Echa un vistazo al divorcio: la gente prácticamente atropellaría a sus hijos por dinero, o al menos los dejaría malheridos. La gente mata por dinero. La única causa mayor de asesinatos es la religión, y el dinero le sigue muy de cerca.

Para tener una relación equilibrada con el dinero, necesitas respetar su energía. Y de la misma forma que no logras entender el poder de Dios, tampoco entiendes la naturaleza invisible del poder del dinero, o cómo manejarlo. De hecho, tu relación con el dinero es un reflejo de tu relación con el Creador: tienes que ganarte el dinero para poder mantenerlo. Por supuesto, te daré pequeñas cantidades de éste aquí y allí para que sigas adicto a mí, pero el verdadero e inagotable sustento que estás destinado a tener es algo que debe ser ganado. Y no puedes ganártelo hasta que puedas apreciarlo, en lugar de malgastarlo o acumularlo.

DOS AMIGOS

Había una vez dos amigos, Samuel y José. Samuel y José crecieron juntos, se casaron al mismo tiempo, tuvieron hijos a la vez y desarrollaron sus negocios a pocas cuadras de distancia el uno del otro, hasta que un día Samuel tuvo que mudarse.

Con el paso de los años, los dos amigos se hicieron muy ricos. Al cabo de un tiempo, una mala decisión comercial llevó a Samuel al borde del colapso financiero. Él no sabía qué más hacer, así que decidió pedir ayuda a su viejo amigo José. Volvió a su ciudad natal y fue a llamar a la puerta de José. José respondió. Samuel le contó a José toda su historia. Joe dijo: "Entra, mi querido y apreciado amigo. Claro que te ayudaré. Tomaré la mitad de mi riqueza material y te la daré".

¿Es adorable este tipo, o no?

Sam tomó el dinero y reconstruyó su negocio; esta vez su imperio creció todavía más. De hecho, se convirtió en uno de los hombres más ricos en el país. Sin embargo, la fortuna no sonrió a José; lo perdió todo, no mucho tiempo después de haberle dado a Samuel la mitad de su riqueza. Pero José estaba seguro de que Samuel estaría dispuesto a ayudarle tal como él le ayudó en aquella ocasión.

Cuando ambos se encontraron y José le pidió ayuda, Samuel dijo: "Desearía poder ayudarte, pero ahora mismo todo mi dinero está comprometido en inversiones. Lo siento, José". José le dijo a Sam que lo entendía, y regresó a su hogar.

José se murió siendo un hombre pobre. Pero gracias a su generosidad y su corazón lleno de amor incondicional, los ángeles vinieron y se lo llevaron a esas otras Dimensiones que mencioné antes. Un día, fue testigo de una escena excepcional. José me vio atormentando a un alma egoísta que había sido avara toda su vida; al mirar más de cerca, reconoció en esa alma a su buen amigo Samuel. José le suplicó al Creador que le diera otra oportunidad a Samuel. Gracias a la grandeza de José y su compasión por su amigo, el Creador accedió, pero yo pude intervenir para ocuparme de que se sometiera a Samuel a una prueba extremadamente importante.

Tanto Samuel como José volvieron a este mundo con cuerpos nuevos. Samuel se convirtió en un rico avaro que vivía en una colina y no compartía con nadie. José se convirtió en un indigente cuyos huesos estaban frágiles por malnutrición. Un día, José subió las escaleras de la lujosa casa de Samuel y llamó a su puerta. Samuel abrió la puerta y José le suplicó: "Por favor, señor, ¿me puede dar algo de dinero para comer?".

"¿Está loco?", dijo Samuel, "¿No sabe que yo nunca doy dinero a nadie? Salga de mi propiedad, mendigo loco, ¡antes de que le dispare yo mismo!". José le rogó y le suplicó, pero no sirvió de nada. Yo tenía tanto dominio sobre Samuel, que no podía penetrar nada de Luz en él. Samuel sacó su escopeta y, sin pestañear, disparó al andrajoso mendigo. Le hice creer a Samuel que con eso había eliminado a una amenaza para la sociedad, pero su falsa moralidad era suficiente como para dejar en la oscuridad a toda la ciudad. Poco podía imaginar Samuel que era José —su amigo en una vida anterior— el que estaba luchando por darle su última oportunidad, y que había fracasado miserablemente en la prueba.

Así que, verás, a veces cuando una persona nace en la riqueza, no es porque sea buena y lo merezca, sino porque debe mucho y se le está poniendo a prueba. Ese hombre, Samuel, se había enterrado él mismo en un hoyo muy profundo, con algo de ayuda de mi parte. Y allí es donde decidió quedarse, en medio de mi oscuridad.

Así que escúchame bien. Esto es importante. El dinero que obtienes en este mundo no es tuyo; es energía que se te entregó para que la administraras, como un guardián. Es una herramienta que puede ayudarte a hacer lo que viniste a hacer aquí o puede lastimarte. Si tienes demasiado dinero, puedes volverte un esclavo de éste, en lugar de dejar que se convierta en una fuente para dar. Tu lección, en ese caso, consiste en ignorar tu codicia y dar. En cambio, si tienes muy poco dinero, puede que pierdas tu conexión con el Creador porque estás luchando muy duro para poner comida sobre la mesa. Tu lección, en este caso, podría ser confiar en que Dios llenará los espacios en blanco. Nunca sabes exactamente cómo te ayudará el Creador para llevarte al siguiente nivel. Pero puedes predecir —con certeza— que lo hará, siempre. ¿Quién sabe qué oportunidad te llevará hacia el dinero que necesitas para pagar la renta?

Te tropezarás con pruebas que desafiarán tu relación con el dinero y con Dios. De eso no hay duda. Y no puedes permitirte echarlas a perder. Una eternidad en el paraíso es lo que está en juego aquí, amigo. Esta es tu llamada a despertar.

Ah, y por si te lo estabas preguntando, las almas sí regresan a este mundo físico una y otra vez hasta que lo hacen correctamente. Algunas personas lo llaman reencarnación. Lo llames como lo llames, la rueda de la vida nunca deja de girar. Un alma nunca muere; sólo cambia su forma según las cosas que le quedan por hacer. Y créeme, Dios siempre te proporcionará las oportunidades necesarias para que completes tu trabajo. Dios es bueno con eso. Así que, eso puede significar una gran riqueza para ti o puede significar la pobreza. En cualquier caso, tú tienes la capacidad de cambiar tu destino. De eso se trata precisamente.

CAPÍTULO CATORCE:
PRUEBA NÚMERO CINCO

¿ESTÁS DISPUESTO A LUCHAR POR TU ALMA GEMELA...O YA TE HAS RENDIDO?

Vamos a ir al grano aquí. Todo el mundo tiene un alma gemela, la otra mitad de su alma. Todos y cada uno de ustedes la tiene. ¡Incluso yo! Así es, hay un homólogo femenino a mi "maldad". Es una pequeñita astuta y tentadora. De hecho, ella y su ejército maligno de espíritus femeninos fueron quienes mantuvieron a Adán fuera del Jardín. ¡Lo tuvieron bajo su hechizo durante más de un siglo! Ciento treinta años, para ser exactos. Verás, ella fue quien le hizo compañía antes de Eva, y cuando Eva apareció, a ella no le gustó nada.

En la actualidad, se manifiesta como la fuerza que anima a las mujeres a actuar egoístamente. Su trabajo consiste en tomar las vidas de los niños pequeños, especialmente cuando duermen. ¿Has oído hablar del Síndrome de la muerte súbita del lactante (SMSL)? Pues resulta que no es tan súbita. Ella trabaja como yo: cuando percibe una abertura, entra a través de ella. Le gusta especialmente estar alrededor de hombres a quien desafía con fantasías y pensamientos sexuales lascivos. Su trabajo consiste en asegurarse de que nunca encuentres a tu alma gemela, y hará todo lo posible para garantizar que así sea. ¿Quién crees que está detrás de toda la industria de la pornografía? ¿Qué puedo decir?, ella me hace sentir orgulloso.

SEPARADOS AL NACER

Tú fuiste separado de tu alma gemela justo al principio, lo cual significa que una parte crítica de tu trabajo espiritual aquí en la Tierra consiste en que se redescubran el uno al otro. Las citas malas, las oportunidades perdidas, las relaciones insanas, aquí es dónde yo intervengo. Mi objetivo consiste en desgastarte para que te rindas. Esta es la prueba, ¿te rendirás o seguirás buscando? Si quieres pasar esta difícil prueba, será mejor que mantengas tu enfoque en el premio.

EXCUSAS, EXCUSAS

Digamos que tienes 29 años, tu trabajo va bien y estás centrado en ir ascendiendo la escalera corporativa. Por supuesto, vas a alguna cita de vez en cuando, pero he logrado convencerte de que encontrar el amor no debe ser tu máxima prioridad. Tu carrera profesional es mucho más importante.

Pero te estoy mintiendo.

En el nivel de tu alma, no puedes hacer tu *verdadero* trabajo sin tu alma gemela. No importa lo exitoso que seas en tu carrera, ya que ese éxito no durará y nunca te llenará del todo. Y no estoy hablando de la necesidad de formar una familia. La edad es irrelevante en la búsqueda de tu alma gemela. Aunque tengas cien años y sigas soltero, sigue trabajando en tu deseo. Sigue buscando para encontrar a tu otra mitad. Sean cuales sean las excusas y las mentiras que yo te proporcione, no puedes tirar la toalla. Esta prueba es demasiado importante.

¿Te parece difícil? Por supuesto que lo es, tanto para aquellos que son solteros como para los que todavía están con alguien que no es la persona correcta.

Si estás atascado en una relación, ¿sigues en ella por miedo? Si el motivo es el miedo, o la soledad, entonces me he llevado lo mejor de ti. Te he mantenido felizmente ignorante de que las cosas pueden ser diferentes; y no sólo diferentes, sino realmente satisfactorias. Tu alma gemela está probablemente parada frente a ti, pero tú no puedes verla; has permanecido inconsciente hasta este momento. Ahora quieres saber más. Finalmente. ¡Me alegro por ti!

Llegó el momento de sentir que tienes derecho a un alma gemela. Es hora de luchar por lo que te pertenece. La única razón por la que estás en esta situación es porque no sabes que puedes anticipar la felicidad verdadera; ¡encontrar a tu alma gemela es parte de tu destino! En el paraíso, nadie está solo. Este conocimiento absoluto —esta conciencia de merecimiento— es la Vasija para el deseo. Es absolutamente esencial.

Si caes en mi trampa, y eliges creer que eres una de las pocas personas sobre las cuales no se aplican las Leyes del Universo, estarás renunciando a tu deseo. Pero si sabes que está viniendo hacia ti —que el universo te lo debe, en un sentido literal— entonces no abandonarás hasta que consigas lo que te mereces. Buscarás hasta debajo de las piedras. Mirarás detrás de cada esquina. Harás lo que sea necesario. Aunque yo me interponga en tu camino, donde no dudes que estaré.

EL JOVEN ERUDITO

Había un joven erudito que más tarde se convertiría en un hombre sabio y un gran adversario mío. Solía levantarse cada madrugada a las tres para estudiar, dominando su deseo de dormir para vencer el control que yo tenía sobre su cuerpo (esta es una de las tácticas que los grandes kabbalistas utilizaban para eludir mi dominio). Cada noche, su esposa le preparaba una taza de té para su rato de estudio. Pero después de muchos años, su esposa tuvo que dejar este mundo, así que su madre empezó a prepararle su té. Una vez, su madre no pudo hacer el té, por lo que pidió a su vecino que por favor le dijera a su hija que lo preparara. Ella accedió.

La hija del vecino preparó el té, junto con un tentempié, y se lo llevó al erudito, quien estaba tan absorto en sus estudios que ni siquiera alzó la vista. Más tarde, aquella misma mañana, el joven erudito le preguntó a su madre si había sido ella quien había preparado el té en aquella ocasión. "No", contestó, "fue la hija del vecino quien preparó tu té. ¿Por qué lo preguntas? ¿Estuvo todo bien?".

El erudito contestó: "Sí, todo estuvo bien. Pero durante todo el tiempo que mi esposa estuvo viva, ella siempre preparó una sola taza de té. Y durante todos estos años, tú también has preparado una taza de té. Sin embargo, esta mujer preparó dos tazas".

Cuando vio que su madre no podía ofrecerle ninguna explicación, el kabbalista fue a ver a la hija del vecino y le dijo: "¿Puedo hacerte una pregunta? ¿Por qué preparaste dos tazas de té?". Ella respondió: "Bueno, estabas estudiando con otra persona, así que decidí preparar dos tazas".

El erudito estaba asombrado. Le dijo: "En todos estos años, ni mi madre ni mi primera esposa supieron que estaba estudiando con Elías el Profeta. Pero tú sí lo supiste". En aquel momento, él supo que había encontrado a su alma gemela. Fue entonces cuando le pidió su mano en matrimonio.

Desde mi punto de vista, esta historia demuestra un claro fallo de mi parte. Si hubiera estado atento al juego, estos dos nunca se habrían encontrado. Pero esto demuestra cómo funciona Dios cuando dejas que la Luz entre. Dios pone a las personas de tu vida en el momento adecuado, si estás dispuesto a estar abierto a la Luz, abierto a las posibilidades, abierto a lo que Dios tiene reservado para ti. El joven erudito supo casi inmediatamente que había sido el Creador quien había puesto a esta joven mujer en su vida. Él estaba conectado a la

Luz, y ella también. Yo no tenía muchas esperanzas de poder intervenir.

Y así es como puede funcionar si dejas un pequeño espacio cada día para que la energía de tu alma gemela te encuentre. ¿Estás dispuesto a luchar por lo que te pertenece? Si lo estás, es momento de reclamarlo.

CAPÍTULO QUINCE:

PRUEBA NÚMERO SEIS

¿ESTÁS DISPUESTO A IR HASTA EL FINAL? (LA ENTREGA DEL ALMA/ *MESIRUT NEFESH*)

Ahora, recuerda que ya te lo advertí. Las pruebas siguen viniendo, y éstas pueden pillarte por sorpresa. Requiere que entregues totalmente tu alma. Eso suena como algo que yo te pediría que hicieras, ¿no es cierto? "Dame tu alma". Pero en realidad no es así en absoluto. Ni tampoco se trata de ningún tipo de ritual religioso. Se trata de recuperar tu vida. Es una paradoja clásica. Tú te sueltas completamente, y a cambio obtienes el control total.

Para derrotarme y convertirte en mi amo —en lugar de al revés— debes estar dispuesto a esforzarte al máximo por algo. Sé que estás acostumbrado a servirme a mí y a tu ego. Lo harías todo para salvar a tu ego, ¿verdad? Pero ahora necesitas estar dispuesto a hacer cualquier cosa para salvarte a ti, a tu *auténtico* yo. Para convertirte en un amo, necesitas convertirte en un sirviente, entonces todo lo que el universo te lanza se convierte en una oportunidad. De esa forma, no tengo fuerza ni influencia sobre ninguno de tus pensamientos o acciones. La conciencia de sirviente es el polo opuesto de la conciencia de víctima. Es la entrega total.

Las víctimas se resisten a todo lo que les sucede y lo que sienten que les están haciendo. Alguien que se entrega dice: "¿Sabes qué? Hay algo que puedo hacer en esta situación. Voy a ver qué puedo encontrar". Una persona que aprecia cada oportunidad nunca es una víctima, y por lo tanto nunca se siente desgraciada. La entrega total equivale a la felicidad total. Por supuesto, yo intentaré convencerte de que la vida es un asco y que Dios te persigue, pero cuando no me escuchas, recuperas el control.

Aquí es donde se equivocan los terroristas suicidas. Para acercarte a Dios, no haces explotar un autobús, sino que transformas tu conciencia. Simplemente entrégate a Dios, y será a mi a quien dejes atrás. Y no necesitarás ningún tipo de dinamita.

Pero, como ocurre con el resto de mis consejos para ti, es más fácil en teoría que en la práctica. De eso se trata, ¿verdad? Sin estas pruebas, no hay crecimiento. Cuando las cosas no salen como quieres —cuando el dolor, la enfermedad o la frustración entran en tu vida— tienes que hacer una elección entre el estancamiento o el crecimiento. Puedes:

1. Elegir ser una víctima, o
2. Elegir entregarte al proceso.

Adelante, grita con frustración: "Dios, ¿por qué me estás haciendo esto?" y entonces tomaré el control sobre ti. Haré que funciones con una conciencia de víctima. Perfecto. Por otra parte, la conciencia de sirviente significa llevar a cabo el trabajo espiritual necesario *a pesar de las dificultades que estás afrontando.* Lo haces sabiendo que el Creador está ahí, aun cuando parece que Dios te ha dejado abandonado. Logras superar este desafío cuando sabes que no tienes la perspectiva que tiene el Creador. Y lo haces a pesar de mí.

De vez en cuando veo cómo sucede. Has dicho que *no* a interpretar el papel de víctima. No sucumbiste a mi influencia. Sin embargo, tampoco te entregaste al Creador. Exististe en el limbo, en el purgatorio; en un estado de entrega sólo parcial. Quieres cantar y silbar al mismo tiempo. Pero este estado te ofrece poco en tu camino hacia la satisfacción o el control. Sólo hasta que dejas ir tu papel de víctima completamente y te entregas verdaderamente, ganas.

Si verdaderamente reconociste que no te ocurre nada que no puedas manejar, entonces entregarte debería ser más fácil. Aun en las peores situaciones —enfermedad, muerte y destrucción— pueden convertirse en Luz. Pero la mayor parte del tiempo, no lo crees posible.

Si puedes aprender a soltarlo todo y a asumir la responsabilidad total, podrás llegar a otro nivel. Sí, hay otro nivel más allá de la entrega, y es Ser como Dios.

SER COMO DIOS

Ser como Dios es un afán —un anhelo— que debes poseer. Es saber que los desafíos de este mundo son temporales, y que lo mejor está por venir. Imagina que estás viviendo en una pequeña habitación con muy poca luz del sol y nadie con quien hablar. ¿Qué harías? ¿Cuál sería tu primer paso para salir de esta situación?

Muy fácil. Tu primer paso sería desarrollar el anhelo por algo más, algo mucho mejor que la habitación angosta, fría y húmeda en la que te encuentras. De la misma forma, debes tener el deseo por algo mucho más grande que tu existencia actual y miserable. Tu vida es como la pequeña habitación que he descrito; de hecho, es la diminuta habitación en la que he intentado mantenerte durante mucho, mucho tiempo. Para hacerlo, he mantenido oculto el patio infinitamente espacioso y lleno de luz que fue diseñado para ti. Debes anhelar este lugar, de la misma forma que Dios anhela que llenes tu Vasija de Luz. Debes nutrir y desarrollar este anhelo hasta que se convierta en todo lo que eres. Este es tu primer paso para Ser como Dios. El próximo paso es entender que todo le pertenece a Dios. Nada te pertenece a ti, ni tus dones, ni tus talentos, ni tus posesiones materiales, ni siquiera tus hijos.

***Todo* es prestado.**

Aunque el Creador te adora, no tiene ningún apego emocional a tus pensamientos o comportamientos. ¿Puedes imaginarte lo que significa amar sin fin y sin condiciones, y al mismo tiempo no sentir ningún apego a los componentes físicos que conforman el mundo material? Eso es lo que significa ser como Dios.

Ser como Dios también exige que veas la Luz que hay detrás de todo. ¿Ves un sistema detrás de los árboles, los animales y toda la naturaleza? ¿Ves a Dios en todo lo que te rodea? Si estoy haciendo bien mi trabajo, la mayor parte del tiempo probablemente no lo veas. Pero si puedes despertar y empezar a ver a Dios en absolutamente todo —incluso en las situaciones que parecen "malas" o desafortunadas—, entonces no tendré ningún poder sobre ti.

¿Cómo eres cuando se trata de ver oportunidades? La vida que llevas ahora mismo es una oportunidad absolutamente única, que no volverá a aparecer de la misma forma nunca más. Tu existencia, tal como es ahora mismo, es tu mejor oportunidad para completar el trabajo que viniste a hacer aquí; nunca sabes cómo será tu "próxima vez". Cada día, cada hora, cada momento es una oportunidad.

Y Dios nunca pierde un segundo. Él ve cada situación como una oportunidad para la expansión espiritual, una oportunidad para compartir más Luz con el universo. Esta es la conciencia que tú también debes poner en el Juego si quieres estar en perfecta sintonía con el Creador.

Lo único que es verdaderamente tuyo es el uso que haces del tiempo. El tiempo es la moneda de cambio de la vida. Cada momento cuenta, lo cual significa que la forma en que eliges pasar tu tiempo lo determina todo. Dios pasa todo su tiempo compartiendo. Si tú no estás haciendo lo mismo, entonces no puedes ser como Dios. No puedo decirlo más claro. Si pasas tus momentos compartiendo, entonces te estás comportando igual que el Creador; cualquier otra cosa se queda corta para alcanzar tu objetivo.

Yo hago que te hundas en sentimientos de culpa, desesperanza, desamparo y derrota la mayor parte del tiempo; éstas son emociones que la Luz del Creador ni siquiera reconoce. Todavía estás dejando que entre, que te convenza de que lo que has hecho está inscrito en piedra, incambiable, y que debes arrepentirte de tus errores hasta el fin de los tiempos.

Pero ese es el tipo de pensamiento que te lleva a no admitir tus errores y, por lo tanto, a no conseguir llevar a cabo las correcciones necesarias. En el momento en que admites tus errores, permites que la Luz entre en la situación. Y con la Luz, todo —absolutamente todo— se puede arreglar. No importa cuán bajo te haya hecho llegar, tú tienes el poder se darle la vuelta a la situación. Completamente.

Yosef tocó fondo. Fue seducido por la esposa de otro hombre —hasta el punto en que llegó a estar desnudo ante ella—, sin embargo, al final, eligió el camino de la Luz y la rechazó. Debo añadir que éste fue uno de mis más memorables fracasos. Un hombre que estuvo tan cerca de la oscuridad, y aun así fue capaz de corregir la situación, es verdaderamente como Dios. En lugar de decir "Ya que he llegado hasta aquí, ¿por qué no acabar lo que empecé?", restringió su deseo autocomplaciente y se convirtió en uno con Dios.

El saber que siempre hay una salida en cualquier momento de oscuridad es sintonizarse con la Naturaleza de Dios. Para ser como Dios, debes ver la temporalidad en todas las situaciones, y la inherente capacidad de corrección que habita cada momento.

ISAAC Y AVRAHAM

Quizá hayas oído esta historia. Es un relato de la Biblia que se cuenta mucho, así que apuesto a que lo conoces. Es aquel que trata sobre Avraham y su hijo, Isaac. Según cuenta la historia, Dios le pidió a Avraham que sacrificara a Isaac. A pesar de la enormidad de dicha petición, Avraham no cayó en una postura de víctima; en su lugar, se preparó para sacrificar a su único hijo. Isaac fue atado al altar para ser sacrificado, pero, en el último momento, se le perdonó la vida.

Esta historia es un plano metafórico para derrotarme. Avraham representa una fuerza perfecta de dar y compartir. Isaac representa una fuerza perfecta de recibir. ¿Sabías que en el momento de la atadura Avraham tenía 137 años e Isaac tenía 37? ¿Crees que un hombre de 37 años de edad hubiese permitido que su anciano padre le cortara el cuello? Por supuesto que no. Esta historia sólo es una forma en la que Dios transmite un mensaje sin tener que decirlo palabra por palabra. Si Dios te lo dijera directamente, no tendrías la oportunidad de ganártelo por ti mismo. Pero yo ahora mismo te lo estoy diciendo claramente: para vencerme, necesitas que la fuerza de compartir se una con la fuerza de recibir.

El grado de disposición de Avraham demuestra su confianza total en la visión que el Creador tiene de su vida. En este nivel de entrega, no hay separación entre el Creador y su sirviente. En este nivel, eres como Dios.

LOS CUATRO NIVELES DEL DESEO

Hay otra pieza vital en el rompecabezas. Y esta pieza del rompecabezas es el deseo. Cuando una persona desea algo, hará una de estas cuatro cosas:

1. Intentará hacer que suceda.
2. Hará todo lo que pueda para que suceda.
3. Hará que suceda, pase lo que pase.
4. Hará que suceda, pero para otra persona.

Estos son los cuatro niveles del deseo, y dependiendo de cuál sea el nivel de tu deseo, experimentarás resultados diferentes. Si tu deseo es grande, no descansarás hasta que ocurra, ¿no es cierto? Punto. Fin de la historia. Simplemente, harás el trabajo. Pero si eliges escuchar mis dudas, lo intentarás, pero finalmente tirarás la toalla, después de convencerte de que hiciste todo lo que pudiste.

Sin embargo, aquella persona que tiene el tipo de deseo que le lleva a hacer algo exclusivamente por el bien de otra persona, esa persona es el amo y señor del universo. Dicho de forma sencilla, la persona que logra que algo suceda, pero lo hace por otra persona, se está volviendo como Dios.

Y ahora unas palabras para aquellos con el grado más alto de deseo: serán sometidos a pruebas todavía más duras que el resto. Se les pedirá que sacrifiquen aquello por lo que han trabajado toda su vida. Sin motivo aparente, se les pedirá que renuncien a ello para hacer que el sueño de otra persona se haga realidad. Esta es la materia de la cual están hechas las grandes películas, ¿verdad? También es la materia de la cual está hecha una realidad maravillosa.

¿Estás preparado? ¿Estás preparado para hacer cualquier cosa, de cualquier forma, para hacer que suceda, para ser como Dios, y erradicarme para siempre? Es algo muy grande, ¿no es cierto? Apuesto a que estás empezando a sentir la carga de tu tarea. No te preocupes, puede que derrotarme sea la batalla de tu vida, pero no tienes que hacerlo solo.

En realidad, para llevar a cabo las peticiones de Dios, necesitas a alguien a tu lado, alguien que te cubra la espalda, por decirlo de alguna manera. Todo empieza con un amigo o una pareja, una persona con la que puedes contar, pase lo que pase. Tener este tipo de relación en tu vida es el arma definitiva contra mí. Cuando me enfrento a una asociación de esta magnitud, pierdo toda mi influencia por completo.

EL LADRÓN DE MANZANAS Y EL TENDERO

Había una vez un rey que gobernaba su reino con mano de hierro. Y tenía una buena razón para hacerlo, pues la gran mayoría de sus súbditos eran completamente corruptos; eran unos sinvergüenzas despiadados que velaban sólo su propio beneficio.

Un día, un hombre llamado Nataniel fue atrapado mientras robaba una manzana. En realidad, Nataniel no era una mala persona (nadie de ustedes lo es), y robar de los demás no formaba parte de su naturaleza. Pero después de vivir tantos años entre villanos, simplemente se entregó a mí, su instinto egoísta, en aquella sola ocasión. Lamentablemente, escogió un mal momento para cometer este error.

El rey decidió utilizar a Nataniel como ejemplo para enviar un mensaje al resto del pueblo, y por ello le sentenció a muerte. Nataniel aceptó su destino sin quejarse.

Después de todo, no podía culpar a nadie más que a sí mismo. Así que no adoptó una conciencia de víctima.

Cuando el rey le preguntó si tenía un último deseo, él contestó que sí. Nataniel preguntó si podía tener tres días para concluir algunos asuntos pendientes en su vida: tenía que pagar unas deudas, devolver varios favores personales y quería despedirse de sus seres queridos. Pensaba que tres días serían suficientes para poner sus cosas en orden.

El rey, impresionado por la simple aceptación de su destino y por el sentido de la responsabilidad de Nataniel, quiso concederle su último deseo. Pero había un problema obvio: "Si te concedo esta libertad temporal", dijo el rey, "no tengo ninguna garantía de que regreses para cumplir tu sentencia".

Nataniel comprendió el dilema del rey. "Tengo una idea", contestó Nataniel. "Suponga que le pido a un buen amigo mío que me sustituya hasta mi regreso. Si llego tarde, podrá ejecutar a mi amigo en vez de a mí". El rey se rió y dijo: "Si encuentras a alguien que esté dispuesto a ocupar tu lugar, te concederé los tres días. Pero si llegas un solo minuto tarde, puedes estar seguro de que colgaré a tu amigo".

Nataniel le pidió a su mejor amigo, un tendero llamado Simón, que ocupara su lugar. Simón conocía a Nataniel desde que eran niños, y lo amaba y respetaba como a un hermano. Así pues, Simón dijo que sería un honor para él entrar en custodia temporal por Nataniel.

Mientras Simón era esposado y detenido, Nataniel se fue corriendo para finalizar sus asuntos. "Recuérdalo bien", le gritó el rey, "si llegas un solo minuto tarde, colgaremos a tu mejor amigo".

Pasó un día, luego dos más, y Nataniel todavía no había regresado. El rey ordenó que llevaran a Simón a la horca, y el verdugo le colocó la soga alrededor del cuello. Luego la apretó y le tapó la cabeza con una capucha.

Entonces, en aquel preciso instante, se escuchó un grito en la distancia: "¡Deténganse! ¡Deténganse, he regresado!" Era Nataniel. "¡Por favor, se lo suplico!", gritó Nataniel al rey. "Quítele la soga. Es mi destino, no el suyo".

Pero el rey contestó: "Has llegado una hora tarde".

A Nataniel le faltaba el aliento y casi no podía hablar: "Déjeme explicarle, su Majestad. Mi caballo se quedó cojo y me vi forzado a correr de vuelta hasta aquí. Por eso he llegado tarde. Soy yo quien debe morir, no mi querido amigo".

Mientras el verdugo le quitaba la capucha a Simón, éste empezó también a gritar: "¡Eso no es verdad, soy yo quien debe morir hoy! Teníamos un acuerdo. Además, no podría quedarme mirando mientras tú, mi mejor amigo, mueres delante de mis ojos. Tampoco podría soportar vivir sin ti. Llegaste tarde. Por lo tanto, seré yo quien muera hoy".

Los ojos de Nataniel se llenaron de lágrimas. "Se lo ruego, su Majestad, no le escuche. No deje que mi mejor amigo muera. No podría vivir sin él, más de lo que él no podría vivir sin mí. Yo fui el sentenciado inicialmente a muerte, no Simón. Le ruego que proceda con mi ejecución".

Mientras Simón y Nataniel continuaban discutiendo acerca de quién debía morir ese día, el rey estaba comprensiblemente desconcertado. En un reino repleto de villanos, el rey no estaba acostumbrado a presenciar semejantes actos de generosidad y amistad incondicional. Sin embargo, debía tomar una decisión. La justicia debía impartirse según las leyes del reino.

"He alcanzado un veredicto final", anunció el rey. "Ninguno de los dos morirá. Pues soy consciente de que, sea quien sea el que muera hoy, estaría matando a dos hombres. La sentencia original dictaba la ejecución de un solo hombre. Por lo tanto, me veo forzado a liberarlos a los dos".

Qué mejor ejemplo de una amistad inquebrantable, de una entrega completa, de hacer lo que sea necesario... ¡De una conciencia de víctima inexistente! No había ni una traza de interés propio dentro de los corazones de estos dos hombres. ¡Eran intocables! Sólo tenían en cuenta el bienestar del otro, sin ninguna condición, sin ningún compromiso. Ambos asumieron la responsabilidad total de sus circunstancias y estaban dispuestos a llevar a cabo el sacrificio máximo por el otro. Al hacerlo, los dos hombres se convirtieron en uno solo y fueron capaces de erradicar la muerte de sus vidas. Además, el rey les pidió ser su amigo.

Por lo tanto, al asumir total responsabilidad, al estar presente con tus circunstancias y al estar ahí plenamente para otra persona, ¡te vuelves inmortal! Esto hace que seas uno con Dios, en cuyo caso mi herramienta favorita, el ego, deja de tener ningún poder sobre ti. Cuando das el 100% a otra persona, literalmente las dos se convierten en una sola, y deja de haber espacio para que yo ponga en práctica mi magia oscura.

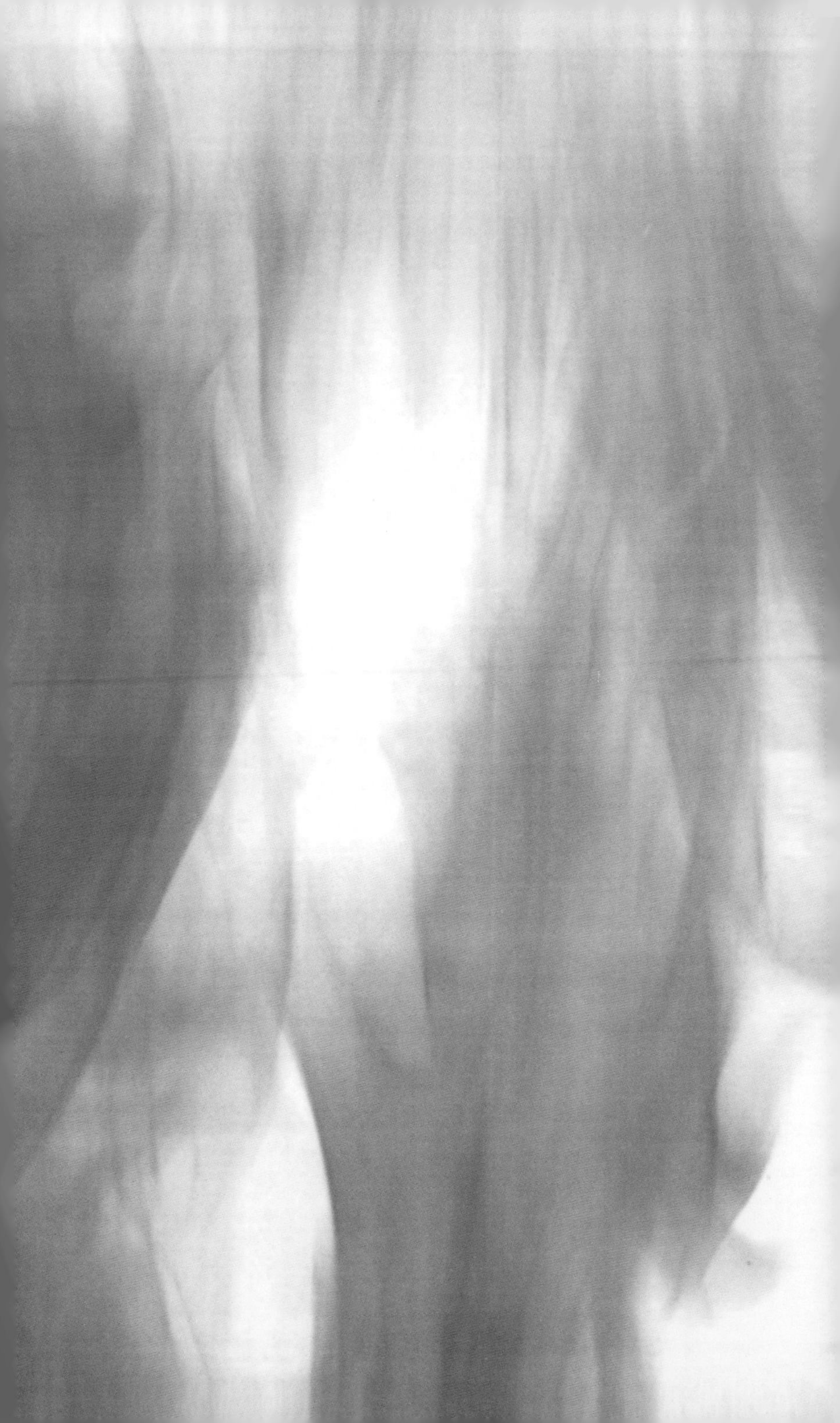

CAPÍTULO DIECISÉIS:
PRUEBA NÚMERO SIETE

¿PUEDES MANTENER LA PAZ (MIENTRAS YO TE RESPIRO EN LA NUCA)?

Me gusta revolver la sopa. Así es como trabajo. Cuando soy el chef, puedes apostar a que la cocina se pondrá caliente. Si dejas que sea yo quien tome las decisiones, sabes que inyectaré mi receta especial de celos, juicio y envidia. Pero no me detendré ahí. ¡Soy aun más efectivo cuando puedo hacer que te sabotees y te juzgues a ti mismo de la misma forma! Por lo tanto, la prueba para ti consiste en detenerme antes de que empiece a crear problemas.

Si piensas que estás a la altura del desafío, no cabe duda de que necesitarás algunas herramientas. ¿Has oído hablar alguna vez del suero de la verdad? Cuando una persona lo ingiere, se vuelve incapaz de no decir la verdad. Tu primera herramienta es buscar este suero. Si quieres desbancarme, tendrás que convertirte en un buscador implacable de la verdad. Rav Áshlag —uno de mis adversarios más difíciles— era un hombre de estas características.

Rav Áshlag fue un Kabbalista del siglo XX, alguien que aprendió a reconocer las ilusiones del mundo material y la verdad oculta detrás de mis tácticas. Para revelar la verdad es necesario empezar haciendo preguntas, y eso es precisamente lo que hizo Rav Áshlag. Para cada respuesta que recibió, hizo quince preguntas más. La verdad era de vital importancia para él, tal como debe serlo para ti.

Pero la mayoría de las personas encuentra más fácil juzgar que buscar la verdad. Pronunciar un juicio sobre los demás no parece ni de cerca tan aterrador como descubrir lo que está pasando en realidad debajo de la superficie. Pero si tu objetivo es una vida de alegría y plenitud, el camino empieza por descubrir la verdad. Esto significa ser sincero con los demás y contigo mismo. ¡Y también significa que tienes que aprender a ponerme un bozal!

El paso siguiente requiere un cambio de conciencia, pasando del interés propio a albergar en tu corazón las mejores intenciones hacia los demás. Cuando quieres lo mejor para los demás, estás trayendo Luz a las vidas de otras personas.

Aarón, el hermano de Moisés, fue un campeón en esto. Por muy duro que yo trabajaba para deshacer las relaciones más amorosas entre las personas, él construía puentes entre las dos almas en conflicto. Estamos hablando de un hombre que buscaba relaciones difíciles para unir de nuevo a las dos partes. Era un maquinador, como ningún otro. Era el maestro de la resolución de conflictos antes de que se acuñara este término por primera vez. Era un hombre que siempre sabía cuál era la forma más adecuada de convertir la oscuridad en Luz.

MARIDO Y MUJER

Echemos un vistazo al espacio sagrado entre un marido y su mujer. Debido a que esta relación es vital para el flujo de Luz en el universo, su paz nunca debe ser perturbada por nadie. Puedo tentarte de muchas formas, pero cuando me dejas que rompa la paz de tu matrimonio, estás abriendo las compuertas para que la oscuridad entre en tu vida y en la de los demás.

Dios es un especialista en mantener la paz. Toma como ejemplo esa ocasión, en la historia de la Biblia, en la cual los ángeles dan la buena nueva a Sará de que va a dar a luz a un bebé. Ella se rió a carcajadas, explicando que su marido Avraham era demasiado mayor para darle un hijo. Siempre tan diplomático, Dios no reveló este pequeño detalle a Avraham cuando habló con él más tarde. Dios simplemente dijo que Sará había dejado claro que ella no podía tener hijos. El Creador entendió que el comentario de Sará podía herir los sentimientos de

Avraham y causar tensión entre marido y mujer, por lo que decidió simplemente omitirlo.

IR A LA GUERRA POR LA PAZ

El paso final de tu misión de paz puede sonar como una pura paradoja pero, tal como hemos visto, tal es la naturaleza del universo. Necesitas estar dispuesto a ir a la guerra para alcanzar la paz. Sin embargo, por mucho que disfrute viendo el combate cuerpo a cuerpo, no me refiero a una guerra física entre soldados; me refiero a la guerra interna. Debes estar dispuesto a luchar a muerte contra mí y contra cada una de las emociones negativas que provoco en ti. Piensa en un hombre que sabe que su matrimonio está en peligro. Debe estar dispuesto a luchar por su matrimonio, a llevar tanta Luz como pueda a su matrimonio para poder salvarlo. Esto es lo que quiero decir cuando digo "estar dispuesto a ir a la guerra por la paz".

Por lo tanto, cuanto antes aceptes el hecho de que esta es una batalla a muerte, más pronto abandonaré el escenario. ¿Estás dispuesto a ir a la guerra y confrontar todos los demonios que yo te ponga sobre la mesa con el objeto de encontrar la paz duradera y permanente, tanto para ti mismo como para el resto del mundo? Piensa largo y tendido en esta respuesta, porque todo tu futuro está en juego.

CAPÍTULO DIECISIETE:

PRUEBA NÚMERO OCHO

¿PUEDES MANTENER ENCENDIDA LA LLAMA DEL DESEO (PASE LO QUE PASE)?

DESEAR LO "IMPOSIBLE"

Vamos a dejar esto muy claro: mi misión es destruir tu deseo, mientras que tu misión principal debe consistir en mantener tu deseo fuerte, sano y en crecimiento. ¿Por qué es tan importante el deseo? El deseo es esencial para la realización de tu Vasija, y por lo tanto de tus sueños.

Ahora bien, no se trata de dejar ir y entregar el resultado a Dios. ¡El deseo nunca debe entregarse! Es el componente crucial de tu relación misma con Dios. Y una de las claves para mantener el deseo es asegurarse de que no me interpongo entre Dios y tú. Siempre debes estar a mi acecho, pues, como ya sabes, puedo ser difícil de localizar. Pero si empiezas a creer que ha llegado el momento de renunciar a tus sueños, puedes apostar a que definitivamente he entrado en el Juego.

Considera el ejemplo de una mujer de 40 años de edad a quien le gustaría tener un hijo, pero siente que es demasiado tarde. Si me deja entrar en la situación, la convenceré de que tire la toalla inmediatamente. Pero verás, esa es precisamente la prueba, y es una prueba que puede cambiar su vida. Ella debe decidir entre sucumbir a mis dudas o creer que todo puede suceder y sucederá si lo desea lo suficiente.

¿Qué harás?

Te diré lo que yo haría. Para convencerla de que se rindiera, jugaría la carta de la estadística. No suele fallar cuando trabajo con alguien a quien ya he inyectado un poco de duda. Le diría que tener hijos después de los cuarenta es un riesgo, en el mejor de los casos. Pero te voy a contar la verdad. No siempre debes hacer caso de las estadísticas, y te diré por qué.

Tener hijos es un milagro, ¡tanto a los 20 como a los 70! Independientemente de la edad, concebir a un hijo requiere de la Intervención Divina. La razón por la que no sucede a menudo en edades más avanzadas es porque las personas no creen que sea posible.

Piensa en ello: Dios podría crear un proceso evolutivo en el cual fuera normal para las mujeres continuar menstruando hasta que alcanzaran los cien años de edad. La mayoría de personas no creen que eso fuera posible, pero nada es imposible cuando hablamos del poder del Creador.

Fíjate en la historia si necesitas pruebas. Viajar por el aire parecía algo imposible en tiempos pasados, pero ahora tenemos un transbordador espacial que viaja por el firmamento a 17.000 millas por hora. Nuestros ancestros sólo podían esperar vivir hasta los 40, en en el mejor de los casos. Ahora somos capaces de vivir el doble, sino más.

Lo que guía el proceso evolutivo es aquello que crees que es posible. Y eso incluye la tecnología. Hace veinte años, la leucemia era una sentencia de muerte. Hoy en día no es así. Si alguien desarrollaba arteriosclerosis o alguna enfermedad cardíaca, pasaba a ser mío. Sin embargo, en los años sesenta surgió la cirugía del *bypass*.

Los humanos tienen el poder de cambiar, así como también la tecnología, que es estimulada por el pensamiento y la innovación humanos. Entonces, ¿por qué no podría una mujer desarrollar la capacidad de tener hijos a cualquier edad? ¿Qué podría prevenir a la tecnología de avanzar hasta ese punto? La respuesta se haya en tu certeza. El científico que descubrirá la cura para una enfermedad "incurable" es el científico que cree que se puede encontrar una cura. De la misma forma, la mujer que concibe un hijo a los sesenta años es la mujer que sabe que es posible hacerlo. Cuando hablamos de transformación espiritual, puedes lanzar las estadísticas por la ventana. Considera una persona que pierde su hogar en una inundación o un incendio. Puede que esa persona viva pensando que:

A. Ahora tiene menos probabilidades de perder su casa de nuevo, y por lo tanto no debe preocuparse o
B. Si le pasó una vez, ¿por qué no puede volver a pasarle?

¿Qué forma de pensar es la correcta? Ninguna, porque las pruebas a las que te enfrentas en la vida no son aleatorias. Se te pone a prueba siempre que necesitas avanzar al siguiente nivel hacia la perfección. Se te pone a prueba cuando ha llegado el momento de soltar la basura que has ido arrastrando por ahí.

LA PALABRA QUE EMPIEZA POR R

¿Qué puedes hacer para abandonar tu incredulidad? ¿Cómo puedes transformar lo imposible en posible? Una palabra. Rezo. Ahí está, ya lo dije. Una parte importante de hacer que sucedan cosas imposibles es el rezo. Si quieres vencer la duda —si quieres vencerme a mí— empieza con el rezo. El rezo deja que la Luz entre y me fuerza a mí a salir. El rezo es lo que creará la diferencia, y empieza por saber que es tu derecho —incluso tu deber— pedir lo imposible.

Esto es lo que hizo Hana. ¿Conoces su historia de la Biblia? Ella lo hizo sin ni siquiera darme la oportunidad de detenerla.

LOS REZOS DE HANA

Hana no tenía hijos. A pesar de desearlos con toda su alma, ella no sucumbió a mis estrategias habituales. Se resistió a la autocompasión y no abandonó la esperanza de que un día pudiera tener un hijo. Yo la observaba mientras iba al Templo a rezar. Hana ponía tanta intención en sus rezos —y en su conexión con el Creador— que se balanceaba de un lado al otro y murmuraba entre dientes mientras rezaba.

Las personas que rezaban cerca de ella pensaban que era una vieja borracha, pero al ser inmune a mí, ella también era inmune a su juicio; estaba tan absorta en su conexión, que no oía ni uno de sus comentarios negativos. Y su compromiso trajo una recompensa. Ella dio a luz al Profeta Samuel.

Como Hana, es momento de empezar a creer y pedir lo imposible. Igual que cuando se trata de encontrar a tu alma gemela, tienes derecho a lo "imposible" porque tienes derecho a todas las cosas buenas. Así que, ¿por qué no hacer todo lo posible por traer lo imposible a este mundo? Quizá tener hijos no sea una prueba o un desafío para ti, pero sé de primera mano que estás enfrentándote a otros desafíos que requieren que vayas más allá de tu sistema de creencias actual. Es en ese espacio donde encontrarás a Dios, fuera de las limitaciones que yo y el mundo material y finito te imponemos. No existe tal cosa como el destino predeterminado.

Cuando sientes que quieres tirar la toalla, pregúntate a ti mismo: "¿Hay algo que no estoy viendo? ¿Dónde está la parte buena de esto que no estoy pudiendo ver?". Puedo garantizarte que si tienes ganas de rendirte, te estás perdiendo la oportunidad Divina que tienes ante ti. ¡La Luz está justo delante de tus ojos!

Y si continúas dando la Luz por sentada, la perderás. Eso es lo que casi le sucedió a Rav Najum. Él era un estudiante de mi mayor adversario, el Bal Sheem Tov. Como verás a continuación, él y yo luchamos un poco.

EL ESTUDIANTE Y EL LADRÓN

Como estudiante de un sabio maestro, el trabajo de Rav Najum consistía en recolectar dinero para los pobres. Después de pasar días intentando recolectar dinero sin éxito, finalmente conseguí ponerlo de rodillas. Rav Najum estaba dispuesto a rendirse. "¿Por qué tengo este trabajo?" clamaba con frustración.

En aquel momento pasó por allí un ladrón. Rav Najum vio claramente que aquel ladrón estaba bastante contento, así que le preguntó por qué se sentía tan feliz. El ladrón contestó: "Sólo estoy haciendo mi trabajo. Vine a este mundo para robar, y eso es lo que hago. Quizá algún día tendré el privilegio de robarte a ti".

Rav Najum reflexionó sobre aquel encuentro. Fue entonces cuando pude sentir que empezaba a perder mi influencia sobre él (es lo que suele ocurrir cuando empiezas a reflexionar sobre tus acciones). Escuché a Rav Najum decirse a sí mismo: "Soy un hombre libre y el estudiante de un gran sabio, y sin embargo estoy triste. Él es un ladrón que probablemente acabe encerrado en prisión, y sin embargo está feliz".

Fue entonces cuando él lo entendió. Vio lo que tenía. La Luz. La oportunidad. Todo. Y esto le volvió a dar energía para cumplir su propósito, y se esforzó al máximo en su tarea de recolectar dinero. Cuando Rav Najum volvió a ver al Baal Shem Tov con los frutos de su labor y le contó la historia del ladrón feliz que le había inspirado a seguir trabajando, su maestro sonrió.

Parte de la conciencia que rodea al acto de rendirse es no darte cuenta de tus dones. En el momento en que decides rendirte, dejas de apreciar todo lo que se te ha dado. En esta historia, a Rav Najum se le había entregado un don en la forma de un trabajo específico y la capacidad de hacerlo. ¡Un trabajo así no puede ser mejor! Sin embargo, él dio su responsabilidad por sentada, hasta que el Creador le envió una señal y conoció al ladrón que disfrutaba genuinamente de la tarea que se le había asignado.

El ladrón reavivó el deseo de Rav Najum, y desde aquel momento todo fluyó como debía.

¿Qué puedes hacer para reavivar tu deseo? Puedes rezar para pedir más.

Sí, puedes pedirle al Creador la capacidad de querer más, de esperar más y de tener un mayor deseo. De hecho, tienes que hacerlo; es tu obligación como Vasija de Luz exigir lo que es tuyo. Olvidas que el Creador está más que dispuesto a trabajar contigo. El Creador te enviará experiencias y desafíos para fortalecer tu determinación y alimentar tu deseo. Este es el motivo por el que Dios me pidió que te pusiera todas estas pruebas. Si apagas tu deseo y te niegas a pedir más, me estás enviando una invitación que no voy a declinar. Pero si supieras con certeza que la respuesta a tus oraciones está a la vuelta de la esquina, ¿te rendirías?

REZOS PARA LA MISERICORDIA

Mientras sigo con el tema de la oración, debo mencionar un tipo específico de rezo. Un rezo para la misericordia. Este es el tipo de rezo más poderoso que puedes ofrecer. Funciona de la siguiente manera. Dios nunca te deja desamparado; nunca. Dios te ofrecerá el don de la misericordia si lo pides. Si has asumido la responsabilidad de tu dolor y tu sufrimiento y has trabajado para sanarlo desde el interior hacia fuera, entonces es tu obligación pedirle a Dios que elimine la carga. Le pides esto a Dios cuando el dolor es demasiado grande para soportarlo y si ya no te está ayudando a crecer espiritualmente. Dios puede intervenir —y lo hará— para disolver el dolor por ti si estás dispuesto a pedir la ayuda de Dios.

Cuando utilizas esta herramienta, dejas de ser un esclavo del dolor; y de mí. En su lugar, confías en la Luz del Creador para que ella te cure, igual que un hijo o una hija confía en sus amorosos padres. Eres merecedor de esta ayuda; no sólo eso, sino que tienes el derecho innato a una vida libre de sufrimiento. Sí, he trabajado duro para hacer que te olvidaras de este pequeño e insignificante detalle, pero es la verdad. Eres merecedor de la gracia de Dios.

DIOS IRÁ A ENCONTRARTE ALLÍ DONDE ESTÉS

Considera la historia de un hombre con el que "trabajé" una vez. Le hice nadar en las deudas hasta que llegaron a sus orejas y se sintió desgraciado y asustado. Él no veía a Dios en nada ni en nadie. Lo tenía exactamente donde quería que estuviera. Debía tanto dinero que su vida estaba literalmente en peligro, y sobra decir que este hombre estaba muy desesperado.

Un día, entró en su estudio y cayó un libro sobre su cabeza. Recogió el libro, escrito por un hombre sabio llamado Rav Najman, y vio que había caído abierto por una página en la que aparecía un pasaje que decía: "No te rindas".

Ni siquiera yo pude evitar que prestara atención a un mensaje tan claro de Dios. Después de leer aquella frase, eligió aceptar trabajo extra, logró salir de la deuda en la que estaba atrapado y dio un giro total a su vida. Rav Najman fue a verle en un sueño aquella noche y le dijo: "Cuando escribí eso en mi libro, escribí esa frase para ti".

¿Ves lo profundamente simple que era la respuesta a los problemas de aquel hombre? Aquel tipo sólo necesitaba seguir avanzando. Afortunadamente, el Creador irá a encontrarte en el lugar espiritual preciso en el que te encuentres. Si es necesario que un libro caiga en tu cabeza, el Creador no dudará en hacerlo. ¡Siempre hay una solución en la Luz!

Sé que ya has estado allí, donde se encontraba el hombre de la historia. Lo sé porque yo estaba allí contigo. Querías rendirte, quizá incluso quitarte la vida (¡así es el poder de mi influencia!). Quizá fue durante una crisis de los cuarenta, o justo después de que perdieras a alguien que amabas. En tu caso, lograste arrastrarte y salir de ese estado de depresión. Estoy impresionado, y sé cómo lo hiciste. No te rendiste porque continuabas teniendo cierto grado de deseo. Deseabas vivir, experimentar alegría y encontrar la satisfacción. Deseabas estas cosas porque ésta es tu naturaleza; es quien eres.

DESÉALO COMO SI FUERAS ADICTO A ELLO

Sé que te gustan los atajos, así que este te va a gustar. Tienes que anhelar aquello que realmente deseas, igual que un drogadicto ansía su dosis o un adicto a los dulces se muere por un trozo de pastel. (En estos ejemplos, el deseo está mal enfocado, pero a pesar de ello sigue siendo fuerte). No se trata de si vas a conseguir tu dosis (tu plenitud); es sólo cuestión de cómo vas a hacerlo. Así de fuerte debe ser tu deseo por la Luz. Para realizar tu potencial, tienes que ansiarlo con pasión. Cualquier cosa que sea menos, no será suficiente.

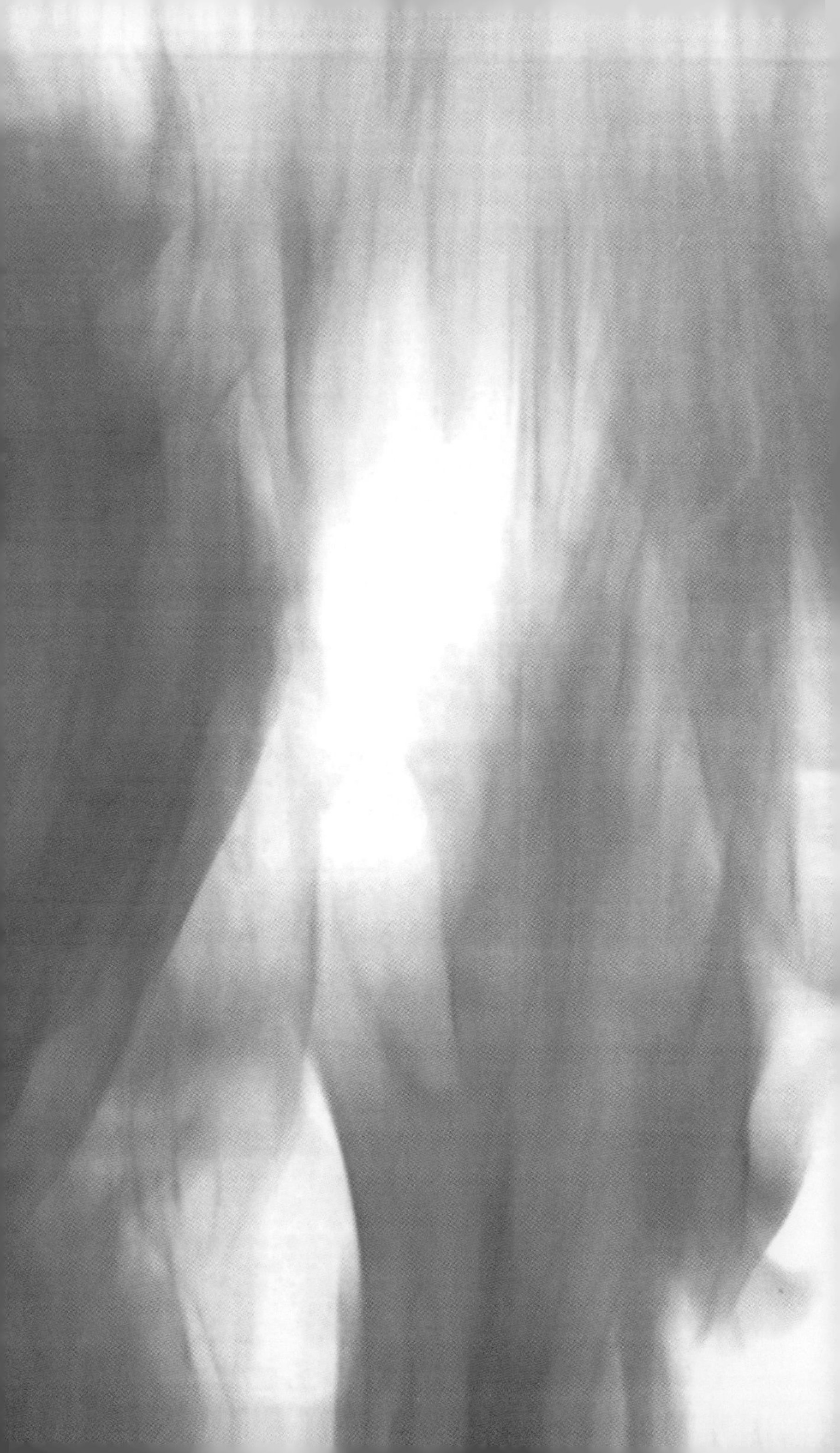

CAPÍTULO DIECIOCHO:
PRUEBA NÚMERO NUEVE

¿SABES CUÁNDO DAR Y CUÁNDO RECIBIR?

Soy especialmente hábil cuando se trata de estropear relaciones. ¡Y cómo me dejas que te provoque! No es de extrañar que la mayoría de las relaciones que hay en tu vida parezcan desequilibradas, tendenciosas e insatisfactorias. Estás dejando que juegue mis juegos otra vez. ¿Cuándo aprenderás?

¿Por qué no empiezas ahora?

Así es cómo funciona: en cada relación, hay una persona que da más y otra que recibe más. Esto es así por diseño. Ya seas el dador (la Luz) o el recipiente (la Vasija), necesitas encontrar la forma de mantenerte una persona completa en ambos roles. Se trata de saber cuándo ser Vasija y cuándo ser Luz. Sólo sabiendo cómo operar en las relaciones y siendo puesto a prueba para encontrar tu papel correcto, tu grandeza podrá ser revelada.

Con el fin de provocarte y hacer que te olvides de tu trabajo, haré lo siguiente:

- Convencerte de que es mejor ser un receptor que un dador.
- Persuadirte de que ser maestro o padre significa ser un amigo.
- Hacerte creer que poner límites a tus hijos es algo que sólo hacen los padres malos.
- Venderte la idea de apoyarte en tu estudiante, hijo o empleado como fiel confidente, en lugar de desarrollar relaciones adultas y sanas con otros.

En respuesta a mis tácticas —y debido a que no entiendes la dualidad de los roles en las relaciones y el papel específico que deberías jugar— surgirá inevitablemente el resentimiento. Si eres el padre, la madre, el profesor o el dador dominante, haré que sientas que se están aprovechando de ti, que te están engañando o que no estás obteniendo nada a cambio de tu inversión. Te haré sentir poco apreciado y tú, a cambio, harás que la otra persona se sienta fatal.

Tienes expectativas para la relación que no están destinadas a cumplirse. Y no logras aceptar el papel que deberías jugar en ella. No es de extrañar que te sientas insatisfecho en tus relaciones más importantes. Tampoco sorprende que estés siempre molesto con alguien.

De hecho, la mayoría de los problemas de las personas provienen de relaciones desequilibradas. Los padres tienen problemas con sus hijos, los hijos con sus padres, los jefes con sus empleados, los empleados con sus jefes. La razón de todo esto es que la búsqueda del equilibrio forma parte de tu naturaleza pero, en verdad, forma parte de la propia naturaleza de las relaciones como padre/hijo o empleador/empleado que nunca haya un equilibrio. La naturaleza de la relación en sí misma es el desequilibrio. Un hijo no debería educar a sus padres; sólo debería hacerlo cuando tenga sus propios hijos.

¿Lo entiendes?

LA RELACIÓN PADRES/HIJOS

La prueba de ser padre puede resultar especialmente difícil, pues es una representación directa de la relación entre tú y tu padre, el Creador. De la misma forma que te alejas del Creador cada vez que me escuchas a mí, los hijos pondrán a prueba la dinámica dar/recibir de la relación entre padres e hijos. Eso es lo que hacen los hijos.

Y esto es lo que yo hago:

Te convenzo de que el papel de padre o madre como dador constante de Luz, y el de hijo/a como receptor constante de Luz está desequilibrado, mientras que en realidad esa es la verdadera naturaleza de la relación. Así que la prueba para ti consiste en que aceptes el "desequilibrio". Esto no sólo es cierto para las relaciones tradicionales entre padres/hijos, sino que también es aplicable a las relaciones empleador/empleado, profesor/estudiante o cualquier otro tipo de relación en la que una de las personas tenga el papel de mentor o educador. Este es el motivo por el cual te animo a hacer cosas como abandonar tu rol como padre por un rol más entretenido como el de mejor amigo de tu hijo/a.

No te dejes convencer.

Al hacerte amigo de tu hijo, empleado o estudiante, estás renunciando a tu rol como dador de Luz. Aunque sólo renuncies a tu papel un poco, no importa. En el instante en que te pones al mismo nivel, estás comprometiendo la integridad de la relación dador/receptor.

LA RELACIÓN MAESTRO/ESTUDIANTE

La relación maestro/estudiante funciona de la misma forma. Es una relación que nunca puede ser 50/50. Eso es así porque el Creador no diseñó un universo que funciona al 50% de su capacidad. Tienes que estar dispuesto a ofrecer el 100% de Luz a tu estudiante o a tu hijo, todo el tiempo. Si permites que ese individuo se convierta en un Creador para ti, el sistema se colapsará. En su lugar, el estudiante debe convertirse en un maestro para otra persona, y el hijo debe convertirse en un padre para su propio hijo o hija.

Ser un padre o un maestro tiene su propia recompensa; revela su propia Luz. Pero no puedes esperar que tu Luz provenga de tu hijo o tu estudiante. Por supuesto, yo te haré sentir que necesitas su amor y aprobación. Y también haré que quieras recibir Luz de todas aquellas personas a las que deberías dar Luz. Yo prospero en la necesidad, en las expectativas no cumplidas y en la decepción. Por eso la única manera de eludirme es aceptar que algunas relaciones están "desquilibradas" por una razón: porque te permiten alcanzar tu pleno potencial. Te permiten revelar cantidades masivas de Luz. Te permiten neutralizarme.

DESDE LOS OJOS DE UN NIÑO

Como el hijo o el estudiante en una relación, tienes que ser tu propia persona, mientras que al mismo tiempo respetas el espacio del dador dominante en tu vida. Como hijo o estudiante es esencial cultivar un sentido de la reverencia. Después de todo, nunca podrías compensar a tus padres por haberte traído a esta Tierra, ni a tus maestros por haber puesto tu alma en el camino hacia Dios. Estas cosas no tienen precio.

Trataré de convencerte de que ha llegado el momento de "tomar tus propias decisiones" (suena motivador, ¿no es cierto?). "Rechaza a tu madre; rechaza a tu padre; tu profesor no tiene ni idea", te diré. Pero no tienes que rechazar a nadie para sentirte satisfecho. Tu satisfacción llega cuando permites que la Luz y la Vasija coexistan, que el dador y el receptor trabajen unidos. No necesitas que otra persona se sienta inútil para experimentar amor. Justamente lo opuesto: cuando ambos ven el valor de sus respectivos roles, ahí es cuando el amor empieza a brotar. Se convierten en uno. Eliminan la necesidad de ego. Eliminan la necesidad de mí.

IR DE PASEO

Esta es otra forma que tengo de desestabilizar relaciones. Hago que te olvides totalmente de lo que significa ponerte en los zapatos de la otra persona. Comprensión y compasión: ¡bah! Te animo a que les hables desde el lugar espiritual y emocional en el que tú te encuentras, en vez de encontrarte con ellos en el lugar en el que están. Si estás en una de las relaciones desequilibradas de las que estoy hablando aquí y estás intentando hablar con la otra persona desde tu punto de conciencia, olvídate de poder conectar con esa persona. No va a suceder. ¿El resultado? Frustración por ambas partes y falta de espacio para la Luz.

¿Cómo puedes cambiar esta dinámica? Empieza por dar un paseo. Date una vuelta en sus zapatos. Si él es el estudiante, entonces ese es el espacio espiritual que ocupa. Aunque no puedas ocupar simultáneamente el mismo espacio con esa persona, puedes utilizar la herramienta de la empatía. La empatía está libre de juicio y desprecio, lo cual hace que esté libre de mí.

Otra parte de corregir la dinámica de energía en las relaciones es predicar con el ejemplo; en otras palabras, ser un embajador de la Luz. Si eres padre o madre, tu hijo te está observando. Si eres un maestro, será mejor que creas que tu estudiante está asimilando todo lo que dices y haces. Como una esponja. Esta es una gran responsabilidad, pero también una tremenda oportunidad para ser un ejemplo de acciones y comportamientos que están en sintonía con quien realmente eres (un ser de amor puro y Luz, por si te habías olvidado, cuando yo no llevo las riendas).

Aunque pienses que nadie está mirando, debes seguir predicando con el ejemplo. Las paredes te están mirando, y eso es todo lo que importa.

El Zóhar —uno de los libros que menos me gustan, pues está escrito en arameo y no puedo acceder a él, y porque además revela una gran cantidad de Luz— explica que las paredes de tu casa son las paredes de tu corazón. Así que, aunque los ojos de tu hijo no te estén mirando, compórtate como si lo hicieran.

SOCIO DE LA LUZ

Una vez conocí a un alma en la cual no podía entrar. Simplemente no había espacio para mí. Pero nunca lo dirías si sólo miraras su exterior. Si fueras una mosca en la pared, habrías visto un tipo que parecía ser mi esclavo. Trabajaba como un loco, dormía como una momia, comía como un animal y bebía como un pez. Todo lo que hacía era extremo. Pero éste era un tipo que podía curar a las personas.

Tenía que averiguar cómo estaba haciendo este trabajo. Quizá pude haberlo adivinado, pero en su lugar elegí preguntarle: "¿Por qué si trabajas, duermes y bebes como un loco, no puedo entrar en ti? ¿Cómo puedes curar a los demás cuando tú mismo pareces estar enfermo de compulsión?".

Él me dijo: "Cuando era un niño, llegué a un acuerdo con Dios de que yo sería su socio, así que todo lo hago por Dios. Como por Dios, duermo por Dios y trabajo por Dios y, a cambio, Dios hace que mis bendiciones se hagan realidad".

Este tipo puso su 100% y Dios le devolvió el favor. Yo no podía contradecir eso. No importa qué parte de la relación es tu responsabilidad; tienes un trabajo que hacer, igual que la otra persona en la relación lleva la carga de hacer su parte. Nadie tiene más o menos peso que cargar desde la perspectiva del universo. Un estudiante no carga con menos peso que un maestro. Un padre no lleva una carga más pesada que un hijo. Un empleado no tiene menos responsabilidad que su empleador.

Ambos son igualmente responsables el uno del otro. ¿Estás entendiendo la idea? Esto es muy importante. Es esta conciencia la que crea constantemente el circuito del universo. Nunca eres más ni menos que otra persona. Tu trabajo es tan vital como el de la persona de al lado. Decidir si eliges o no creer en esto depende completamente de ti. En realidad, todo depende de ti.

¡ALLÁ VOY!

Antes de seguir avanzando, debo establecer una última expectativa, pues está relacionada con pasar pruebas en el contexto del salón de clase de Dios. Los desafíos, las pruebas, las dudas y los miedos que experimentas en tu camino volverán de nuevo a ti pero desde distintos ángulos, y volverán a ti más rápido y más fuerte. Pero si puedes utilizar la información que te estoy ofreciendo en este libro, cada prueba que pases sólo servirá para hacerte más fuerte. Eso se debe a que a medida que superas cada prueba, revelas más y más Luz. Cuando tienes el poder de la Luz, puedes superar cualquier desafío u obstáculo que ponga en tu camino. Ahora necesito infundirte una sensación de urgencia. Simplemente no puedes dormirte más en los laureles, porque ahora, más que nunca, no puedes perder el tiempo. Estuviste dormido por mucho tiempo. El trabajo que has hecho hoy no es suficiente para mañana. La persona que eres hoy tampoco es suficiente para mañana. Yo seré más fuerte, así que tú también debes serlo. Cada día es un día para prepararte más y crecer más. No estamos en una carrera corta de cien metros. Esto es una maratón, y estamos en el último tramo.

PARTE III:

EL FINAL DE LA RELIGIÓN

CAPÍTULO DIECINUEVE:

EL LEGADO DE AVRAHAM

Aunque superes todas las pruebas que he preparado para ti, seguiré estando cerca si no has puesto fin a la religión. Ya hablé de esto anteriormente, pero por favor déjame darte el discurso de nuevo. Hay algunos detalles que debemos discutir.

Si te tomas realmente en serio tu búsqueda del paraíso, esto es lo que tiene que suceder. Si los curas, rabinos, imanes y monjes admitieran sus pecados, y si todos sus seguidores reconocieran sus pecados y todos ustedes se unieran para luchar contra mí (no para luchar entre ustedes) —si finalmente se dieran cuenta de que están en el mismo equipo— ¡se acabaría el juego! Si dejaran de culparse los unos a los otros, sería mi fin. Si todos hicieran esto, en cinco minutos verían la Luz de Dios materializarse delante de sus ojos.

LA SALVACIÓN DONDE MENOS LA ESPERAS

Obviamente, yo corrompo el estamento religioso. Y corrompo a todos aquellos que son seguidores de cualquiera de las religiones del mundo. Entonces ustedes acaban culpando al estamento. El estamento religioso acaba culpando a otras religiones. Y todo el mundo corre por ahí echando la culpa a los demás. Mientras tanto, yo me alimento de todas las delicias sibaritas que me proporcionan. Ahora voy a tomarme unos momentos para hablar directamente de tres personas especiales que descienden de Avraham el Patriarca. Creo que esta información es vital para que tengas una visión global.

Isaac.
Ismael.
Esaú.

Específicamente, hablaré sobre su descendencia:

Los judíos
Los musulmanes
Los cristianos

El resto de ustedes no debe sentirse excluido. Son igualmente importantes e igualmente amados por el Creador. Todos forman una familia. Pero estos tres hermanos son los que están causando todos los problemas en esta unidad familiar disfuncional llamada humanidad. Ha llegado la hora de que empiecen a cambiar.

Empezaré con los hijos de Ismael.

LOS MUSULMANES

¿Por qué crees que haces una reverencia cinco veces al día? ¿Para dar las gracias a *Alá*? ¿Para mostrar respeto y alabar a *Alá*? No. *Alá* es todopoderoso, todo amor y omnipotente. No necesita agradecimiento ni alabanzas. No quiere recibir. *Alá* sólo quiere compartir; y dar; y amar. La razón por la que haces una reverencia cinco veces al día es para descargar tu negatividad, enterrar tu ego (a mí) en las entrañas de la tierra. Necesitas enterrarme. Eso te abre para recibir el amor de *Alá*.

Debes saber que soy tu único enemigo. Yo soy el único infiel. Si haces una reverencia con la mentalidad de que tu enemigo es alguien que está ahí fuera, yo secuestro todos tus rezos. Pero si meditas para enterrar tu ego en la tierra, tus rezos serán enormemente amplificados.

Te voy a dar un consejo: después de hacer la reverencia, mientras te estás incorporando, reza para elevar tu alma —tu yo auténtico— hacia el Reino Divino para estar conectado de forma constante con *Alá*. Sólo yo, el ego, tu Adversario, impido que te conectes con *Alá*. Nadie más puede hacerlo. Cuando me entierras bajo tierra, cinco veces al día, tendrás el poder de alcanzar a los Cielos Superiores con tu conciencia.

LOS CRISTIANOS

Jesús murió por tus pecados. No hay duda de eso. Pero no tienes ni idea de lo que eso significa porque he distorsionado todo lo relativo a esta historia. Escucha atentamente: su muerte me atestó un golpe grande y fuerte. Pero no fue un golpe de noqueo. Sigo estando aquí, ¿verdad? Mira a tu alrededor. El mundo está peor que nunca, ¿no es cierto? ¿Piensas realmente que Dios quería verte sufrir todos estos siglos mientras esperabas el Apocalipsis Final o la Segunda Venida? Fui yo quien te convenció de que no hicieras otra cosa que esperar.

La generación de Israelitas y paganos que vivieron durante la época de Jesús estaba hundida hasta el cuello en la porquería y la autoindulgencia. Dios intervino —a través de Moisés— para sacar a los Israelitas del apuro hace 3.400 años, y Dios se vio forzado a intervenir de nuevo hace 2.000 años. Ahí entró Jesús. Jesús asumió la tarea de erradicar mi influencia de este mundo. Nadie más tuvo las agallas para hacerlo. Él estaba preparado para enfrentarse a todo el estamento religioso cuando vio que yo les controlaba. Pero Jesús no les culpaba. Jesús sabía que él tenía que derrotarme. ¿Y quién soy yo? Yo soy la duda. La duda es la razón de base por la cual todo el estamento religioso se corrompió en primer lugar.

Vayamos ahora a Gólgota, el lugar donde tuvo lugar la crucifixión de Jesús. Jesús está clavado en la cruz. Está sufriendo. Entonces le grita a Dios, preguntándole por qué su Padre le ha abandonado. ¿Sabes por qué lo hizo? Él estaba expresando duda. Yo soy la duda. Jesús me estaba desafiando. Estaba iniciando la pelea más grande de todas. No estaba expresando duda sobre su Padre. Él me estaba provocando; me estaba invocando.

La única forma de derrotar algo es enfrentándonos a ello. Así que cuando Jesús quiso derrotarme, se vio forzado a invocarme. Eso es lo que ocurrió en Gólgota. Ese es el secreto detrás de las palabras de duda que él pronunció.

La duda estaba en su interior. Estábamos dándonos golpes el uno al otro. Luego, momentos más tarde, ocurrió la crucifixión. Jesús se sacrificó voluntariamente a sí mismo (a su ego, a mí) mientras yo estaba presente en su conciencia. Ese fue su mejor golpe. Y esa acción limpió a su generación y disminuyó suficientemente mi influencia sobre el mundo entero para impedir su aniquilación total.

¿Sabes por qué Gólgota se llama así? Significa "el lugar del cráneo". ¿Dónde piensas que habita la conciencia? ¿Dónde piensas que se libra la guerra? Jesús luchó en la guerra contra su propio ego —yo— dentro de su cabeza. La muerte de su cuerpo fue mi muerte. En el lugar del cráneo. En el lugar de la conciencia humana.

Sus acciones salvaron al mundo. Pero sólo por una generación. Ahora depende de ustedes. Las enseñanzas de Jesús —su vida, sus actos— se convirtieron en el camino a seguir para las generaciones futuras. Tú debes recorrer el mismo camino. Debes erradicar a *Satán*, tu Adversario, encontrándome a mí en tu interior. Dentro del lugar del cráneo, ¡donde ese gran cerebro tuyo reside!

No me escuches a mí. Escucha a Jesús. Síguele a él. Aceptar a Jesús significa aceptar sus enseñanzas y su conciencia. Si logras superarme, si me sacas de tu cabeza, verás que no hay contradicción en lo que crees actualmente.

¿Ayudarías a tus hijos si hicieras todas sus tareas de la escuela para el resto de sus vidas, si aceptaras todos los castigos en su lugar cada vez que cometieran un error o se portaran mal? ¿Sería eso verdadero amor de padres? ¿Crecerían tus hijos para convertirse en adultos responsables y amorosos si tú absorbieras todos sus castigos? Este deseo de ayudar va en contra de la Ley natural del Mundo. Es lo opuesto al amor. No logra pasar la prueba de relaciones desequilibradas. Los padres son los dadores a tiempo completo, ¿recuerdas?

Esta es la verdad, y sólo la diré una vez: lo que Jesús hizo por todos los cristianos fue ofrecer un camino para la salvación. En su nombre y por sus propios méritos, él despejó el camino para ti. Pero tú tienes que recorrerlo. Él sufrió para abrir los canales con el fin de que pudieras conectarte con las Dimensiones Ocultas y establecer contacto con el Padre. Para poder hacer eso, debes derrotarme. Se les dio a todos una oportunidad para ganarse una recompensa inimaginable, pero para lograrlo es necesario encontrarme y vencerme.

Y la razón por la que nunca me encontraste en tu interior, la razón por la que te sentaste y pusiste toda la carga sobre los hombros de Jesús, es porque yo te dije que lo hicieras. Créeme en esto. Tu Salvador está enojado. Está enfadado conmigo por haber hecho un trabajo tan bueno engañándote. Pero también está molesto contigo por no haberme sacado fuera del Juego todavía.

Y ahora haré una confesión. Fue idea suya escribir este libro. Para darles a todos una oportunidad. No me malinterpretes, yo quería escribirlo también. Te estoy animando, aunque siga haciendo lo inconcebible para vencerte. Pero fue idea suya lanzarte este salvavidas. Mahoma y Moisés también estuvieron implicados en esto.

Así que, aquellos de ustedes que se hacen llamar cristianos, no culpen a los judíos. Ni a la iglesia. Ni a los papas de la historia. Ni a los adoradores del diablo. Ni a la iglesia de *Satán*. No culpen a nadie, aunque parezca justificado. Es una apuesta perdida. Cúlpenme a mí. Sólo a mí. A nadie más que a mí. Sólo recuerden que yo soy su ego y no un demonio con cuernos que saca fuego por sus ojos y por la punta de sus dedos. Entonces acaben conmigo. Y nunca olviden que la única forma de derrotarme es sabiendo que soy su ego. No hay otra forma. Háganlo y acabarán con el Juego. No lo hagan, y el fuego seguirá ardiendo.

LOS ISRAELITAS

Tú crees que cuando la Biblia habla de los Israelitas, se refiere a los judíos. Pero no es así. Los Israelitas incluyen a los cristianos, los musulmanes y los judíos que ven lo bueno en todo el mundo y ven la unidad en cada tradición. Un Israelita reconoce lo sagrado de Moisés, de Jesús y de Mahoma. Un Israelita los ve como almas que vinieron a este mundo para ayudarte a luchar contra mí. Un Israelita es el oponente de *yihad*, del judío de la extrema derecha y de cualquier otra cruzada que sólo vea lo que está mal en los demás o que sólo quiera que el resto del mundo acepte sus creencias.

Los Israelitas no ven separación. Ellos abarcan a todo el mundo. Ellos aceptan a todos los demás. Los Israelitas permiten que las personas sean tal como son.

YIHAD, EXTREMISTAS JUDÍOS, CRUZADOS

Hablemos de los extremistas, ¿te parece?

Sólo hay una Guerra Santa. Una, no dos. Es la guerra contra mí. Tu ego. Tu enemigo es el Gran *Satán*, no las personas que ocupan tu territorio. No las personas que no creen en tu Dios. Soy yo. Sólo yo. Sí, todas las personas en el mundo tienen una porción de mí dentro de ellas. Pero no puedes matar a esa fuerza llamada *Satán* en otra persona. Es un ejercicio de futilidad.

Estás escuchándolo directamente de una buena fuente. Yo soy quien te motiva a matar al *Satán* que hay en otra persona, porque sé que no funciona. Nunca ha funcionado, y nunca lo hará. No sólo no funciona, sino que me fortalece. Cada vez que intentas acabar conmigo aniquilando a uno de tus semejantes, me vuelvo más fuerte. Les engaño para que crean que están en una guerra contra sus semejantes. No lo están. Estoy dentro de cada uno de ustedes, forzándolos a apuntar con el dedo a todos los demás.

Así que los Israelitas no son judíos. Esa idea equivocada también fue obra mía. No hay ningún lugar en la Biblia en el que Dios mencione la creación de una religión llamada judaísmo. Sólo hay un camino, el de mi derrota; aquél que llegue a dominarlo, merecerá ser llamado Israelita.

CAPÍTULO VEINTE:

TU ARMA SECRETA CONTRA LA RELIGIÓN

EL ARMA DEFINITIVA

Puedo leer en latín. Entiendo el griego. Comprendo el inglés. Soy versado en la lengua italiana. Soy fluido en francés. Puedo expresarme en árabe. Y hablo hebreo. Entiendo completamente esos idiomas. Sólo hay un idioma que no comprendo: el arameo.

Jesús tuvo sus conversaciones más privadas en arameo por esa misma razón. Él impartió sabiduría oculta a sus discípulos más cercanos utilizando el arameo. También empleaba el mismo lenguaje cuando contaba parábolas a las masas, parábolas que escondían los secretos del universo (*Prisca Teologia).* No había nada que yo pudiera hacer. No podía espiar a los discípulos. No podía encontrar ningún sentido a esas parábolas. En su lugar, tuve que esperar hasta que las enseñanzas en arameo de Jesús fueron traducidas a otras lenguas. Entonces me puse a trabajar, creando toda la confusión que ahora rodea a la religión.

El arameo era una herramienta metafísica que Dios les dio para otorgarles la capacidad de esquivar mi influencia. Esa era una de las Reglas Universales originales que se establecieron para gobernar esta realidad.

No puedo interferir en los rezos pronunciados en arameo. No puedo tocarlos. Pero los rezos en otras lenguas no suponen un problema para mí. Puedo interferir en ellos con barreras, desviaciones y obstáculos. (Recuerda, mi nombre significa *bloquear*). Es difícil que se me pase un rezo. Y esta es una de las razones por las cuales tus rezos a menudo no reciben respuesta. Yo interfiero. Escucho los rezos del mundo todo el día y toda la noche, y los desvío a la nada.

Pero el arameo, ¡de ninguna manera! Está fuera de mis límites. Es intocable. Es tu conexión directa con lo Divino. Es la banda ancha. Es la banda súper ancha.

El arameo era la lengua predominante durante el tiempo del profeta Mahoma en el siglo VII. De hecho, el arameo fue una vez tan común como lo es el inglés hoy en día. El arameo es la raíz del árabe. Meca, la ciudad más santa del Islam, es una palabra aramea (*Macá*) que significa *"atravesar, romper"*. *Macá* es también el nombre de una de las ventanas a través de las cuales las oraciones deben pasar para llegar a la Luz Divina. Pon estas dos definiciones juntas y entenderás por qué los musulmanes dirigen sus oraciones hacia la Meca. Es la ventana que utilizan los rezos para llegar al Reino de lo Divino. Así de simple.

Los antiguos Israelitas escribieron libros secretos que revelaban todos los misterios del universo. Estos libros fueron escritos en arameo para que yo no pudiera leerlos. Esto incluye secciones del Libro de Daniel, y otro libro secreto que no puedo ni siquiera mencionar. Este otro libro es mi *kriptonita*. Así que ni te molestes en preguntar.

Así que ahora que los cristianos, los musulmanes y los Israelitas tenían un hilo en común, tenía que hacer algo drástico. Tenía que cortar ese hilo. Tenía que crear conflicto entre las tres fes.

Verás, el arameo no pertenecía a los Israelitas; ni a los cristianos; ni a los musulmanes. Les pertenecía a todos ellos; igual que la luz del sol les pertenece a todos ellos, independientemente de cuáles sean sus creencias particulares. Ese era su secreto. El arameo es universal. Es el secreto para unificar las tres religiones. Y los rezos en arameo llegan hasta lo Divino. Eso significa que si un número suficiente de Israelitas, cristianos y musulmanes pusiera este poder detrás de sus rezos, acabarían conmigo. Para siempre.

¿Así que sabes lo que hice? Convertí el arameo en una lengua muerta. La fui retirando paulatinamente a lo largo de los siglos. Luego la enterré. Metódicamente corté la conexión del arameo con el árabe, y por lo tanto con los musulmanes. Luego, lo desconecté de Jesús y los cristianos.

Así que escuchen atentamente musulmanes, cristianos e Israelitas; sólo lo explicaré una vez. El árabe es Divino. El latín, el griego, el español y el inglés son Divinos. El hebreo es Divino. Y también lo es el arameo. Todo, incluyendo todas las lenguas que se hablan en la tierra, tiene su origen en un solo Dios.

Pero sólo el arameo está fuera de mis límites. Y ese es su poder subyacente. No es que el arameo sea más sagrado que el árabe o el hebreo, sino que el arameo está fuera de mi alcance.

¿Te has preguntado alguna vez por qué tus rezos en tu lengua nativa están tardando tanto en cambiar el mundo y transformar tu vida? Si eres musulmán, ¿han traído paz a tu mundo tus rezos en árabe? No. Los hijos de Ismael están muriendo cada día y tus enemigos siguen existiendo.

Si eres cristiano, ¿han traído paz a tu mundo tus rezos particulares en latín, griego o español? No. Los discípulos de Jesucristo están lastimados, sufriendo y muriendo cada día.

Si eres un Israelita, ¿han traído paz a tu mundo tus rezos en hebreo? No. Todavía eres perseguido, te sigues quejando y te sientes desgraciado después de todos estos siglos.

¿Cuánto tiempo ha de pasar para que aprendas? Debería alucinarte que después de 2.000 años de oraciones no respondidas ¡todavía sigas esperando y teniendo esperanza!

Ahora estás en una coyuntura crítica en la historia de la humanidad. Mi dominio te ha puesto —a ti y a toda la humanidad— en un estado de coma colectivo. De Sueño Profundo. Se están acercando a la destrucción total. Por consiguiente, por primera vez en la historia, les estoy tendiendo una mano. Estoy interfiriendo sólo para sacarles de este embrollo. Les daré un poco de ventaja con respecto a mí, pero será la última vez que lo haga. Dense por avisados. Después de darles esa ventaja, utilizaré todos mis poderes para persuadirles de que no utilicen esta herramienta. Tengo que hacerlo. Sin embargo, si están a la altura de las circunstancias y sacan partido de lo que estoy a punto de decirles, serán capaces de dejar que yo les reemplace a la hora de experimentar el dolor que está por venir.

Y todos acabarán viviendo felices para siempre.

LOS 72 NOMBRES

Aquí lo tienes: una secuencia de letras arameas.

כהת	אכא	ללה	מהש	עלם	סיט	ילי	והו
הקם	הרי	מבה	יזל	ההע	לאו	אלד	הזי
חהו	מלה	ייי	נלך	פהל	לוו	כלי	לאו
ושר	לכב	אום	ריי	שאה	ירת	האא	נתה
ייז	רהע	חעם	אני	מנד	כוק	להח	יחו
מיה	עשל	ערי	סאל	ילה	וול	מיכ	ההה
פוי	מבה	נית	ננא	עמם	החש	דני	והו
מחי	ענו	יהה	ומב	מצר	הרח	ייל	נמם
מום	היי	יבם	ראה	חבו	איע	מנק	דמב

En los últimos años, unos cuantos libros que hablan sobre esta antigua arma se introdujeron clandestinamente en el mercado. Hice todo lo posible para evitar que sucediera. Pero, de alguna forma, lo consiguieron. No puedo hacer nada contra estas letras. En realidad, incluso me cuesta verlas escritas ahora mismo en esta página.

Esta secuencia de letras arameas se conoce como los 72 Nombres de Dios. Tienen el poder de saltarme a mí y llegar a lo Divino de forma instantánea. Pero déjame darte una advertencia: Dios no responde a las plegarias. Dios no dice *sí*. Dios no dice *no*. Dios simplemente es.

Lo que hacen estas letras es ayudarte a colarte en el Reino de lo Divino para que puedas utilizar unas cuantas Fuerzas potentes de energía con el fin de exterminarme. Pero antes de que salgas corriendo, debes entender bien lo siguiente: el Reino de lo Divino no está ahí arriba en el cielo. Está en lo más profundo y recóndito de tu conciencia. Estas letras llegan a lo más profundo de ti y me extraen de tu mente tan rápida y fácilmente como un dentista extrae un diente de leche.

Pero primero tienes que encontrarme. Estoy en la superficie, pero también profundamente dentro de ti. Te daré una pista para localizarme: pregunta a tus amigos. Así es, pide a tus amigos que describan tus peores rasgos. Yo soy esos rasgos. Ahora, utiliza la fuerza que evocan los 72 Nombres de Dios para conectarte con la energía y meditar para aniquilarme. De una vez por todas. Pero sólo si te atreves. Sólo si tienes la valentía para hacerlo. Sólo si puedes enfrentarte al dolor de perder a tu ego.

Medita en este sistema de armas antiguas cada día durante cinco minutos. Enfoca tu atención en erradicar mis influencias. Haz que sea simple. Pero haz que sea sincero. Hazlo con convicción.

PARTE IV:

EL CAPÍTULO FINAL

CAPÍTULO VEINTIUNO:

LA CAJA FUERTE

LAS LLAVES

Cuando pasas una prueba, cuando utilizas las herramientas que Dios te ha entregado, me destruyes. Lo mismo es cierto cuando te permites estar incómodo, cuando confías en Dios, cuando empatizas con los demás o te levantas anhelando a tu alma gemela, o cuando desafías a tu dolor directamente. Entonces activas las llaves que abren la caja fuerte que contiene las riquezas infinitas de la Energía del Creador. La razón por la cual el mundo no está nadando en un mar de felicidad es porque sólo unos pocos han abierto la caja fuerte. Pero esto tiene que ser un esfuerzo de equipo. Se necesita más que unas cuantas almas valientes para transformar el mundo.

Si te portas bien, te revelaré el misterio más grande para obtener todo lo que quieres de la vida.

LA CAJA FUERTE, LA LLAVE Y EL TEMPORIZADOR

Hay una caja fuerte (no de las que hay en los bancos, estoy hablando metafóricamente). Y esta caja fuerte tiene un temporizador. Un temporizador muy preciso. Cada vez que insertas la llave en la cerradura, la giras y abres la puerta de la caja fuerte, el temporizador se pone en marcha. Cuando el temporizador marca el final, la caja fuerte se cierra. ¿Entiendes la idea? Mientras la caja fuerte está abierta, puedes tomar tanto como quieras para ti. Pero la única forma de abrir inicialmente la caja fuerte es consiguiendo la llave. La llave, como ya dije, es el acto de compartir que llevas a cabo cuando pasas las pruebas.

Aquí es donde esto se complica un poco. Esta llave es mágica. Sabe lo que hay dentro de tu cabeza. Sabe lo que hay en el interior de tu corazón. Nadie es perfecto. Por lo tanto, ninguno de nosotros es capaz de pasar todas las pruebas.

Recuerda que mi único propósito es hacer que falles; si no todas las pruebas, al menos las más críticas, aquellas que te predisponen para la transformación verdadera. Para cumplir mi propósito, te recuerdo tu vergüenza, tus sentimientos de inutilidad y el hecho de que eres un miserable fracaso. No es de sorprender que todo el mundo odie las pruebas. Soy yo trabajándote desde el interior, haciéndote sentir incómodo y preocupado acerca de que en realidad no eres nada.

Pero si entendieras la siguiente idea clave, que llamaremos el Ratio, no estarías tan preocupado.

CÓMO DETERMINAR EL RATIO

¿Qué quieres decir con el Ratio? Pues bien, el Ratio determina cuánto tiempo permanece abierta la caja fuerte. ¿Qué es lo que determina el Ratio?

Tu cabeza; específicamente, tu estado de conciencia durante la prueba. Hay una correlación directa entre la cantidad de crecimiento que resulta de tus acciones y la cantidad de tiempo que la caja fuerte permanece abierta. Es muy sencillo. Habitualmente estás al 100% en el status quo. Por lo tanto, ¡el Ratio entre el lugar en el que estabas y el lugar al que has llegado es de 100:1! Eso no sólo no abre la caja fuerte, sino que ni siquiera te permite conseguir la llave. Todo lo que consigues es el botín que yo te entrego.

TODO EL BOTÍN

¿Qué quiero decir con el *botín*? El botín incluye lo siguiente: comodidad, autos, joyas, casas, dinero efectivo, honores, alabanzas, fama, celebridad, aplausos, amigos falsos, sexo, juguetes, apartamentos, amantes para poner dentro de los apartamentos, medicamentos con receta médica para tus miedos, fobias y ansiedades...

Creo que ya sabes a lo que me refiero.

LOS TESOROS

Los tesoros dentro de la caja fuerte incluyen lo siguiente: crecimiento, felicidad, familia, amor, matrimonio, hijos, salud, bienestar, sabiduría, serenidad, paz mental, sustento; una vida sin miedo, sin culpabilidad y sin ansiedad; la amistad verdadera; simple alegría; libertad, apreciación, dicha.

EL INTERCAMBIO

Cada vez que aceptas el botín, uno de los tesoros verdaderos en tu vida se queda encerrado en la caja fuerte. Te lo quitan de las manos. ¡Puf! Se marchó. Mira de nuevo la lista de los tesoros. Esas cosas son las que sacrificas cada vez que eliges el botín. Y permanecen encerradas en la caja fuerte hasta finalmente renuncias al botín y eliges el tesoro. La buena noticia es que tienes muchas vidas para hacerlo, si así lo eliges.

Este es el motivo por el cual las personas pierden a sus cónyuges, hijos, familiares, amigos, su seguridad financiera, su carrera profesional y su cordura. Porque cuando llega la prueba, pierdes los tesoros en proporción directa a la cantidad de botín que eliges en el momento de la prueba. Eso significa que perder a un ser querido, por ejemplo, puede ocurrir de muchas maneras. Un divorcio; una pelea; distanciamiento; o la muerte. Los resultados están calculados de forma precisa con base en las decisiones que tomas en la prueba.

Por lo tanto, esta idea del castigo y la recompensa —de un Dios amable y un Dios cruel— es totalmente falsa. Tú eres el único que tiene el poder aquí.

CÓMO DA DIOS

En realidad Dios no responde a tus plegarias. Esta es una idea totalmente errónea propagada por su servidor. Más bien, Dios es la respuesta a tus plegarias. Es una sutil diferencia. La palabra "*es*" es un sustantivo, no un verbo.

Eso significa que hay una Energía, una Fuerza, un Poder que subyace en toda la realidad. Este poder es Dios. Y es infinito. Y está lleno de todo. Este Poder está oculto dentro de la caja fuerte. Si consigues acceder a ella, será la respuesta a tus oraciones.

EL JUEGO DE LOS PORCENTAJES

Cuando pasas por una prueba y el 20% de tus acciones son auténticamente incondicionales, eso significa que el 80% de tus acciones fueron influenciadas por intereses egoístas y ocultos. Por mí.

Pero eso está bien.

En serio. Sigue siendo una acción positiva.

No necesitas preocuparte porque el tesoro de la caja fuerte no alimenta ningún interés egoísta. No hay botín ahí, así que el ego no obtiene absolutamente nada. Sólo alimentará el aspecto incondicional de tu acción.

Esto es lo que sucede: la llave de la caja fuerte gira. La caja fuerte se abre. El temporizador empieza a correr. Tu alma, tu mente subconsciente y tu deseo deliberado y consciente empieza a acumular tesoros del interior de la caja fuerte.

Esa puerta permanece abierta de acuerdo con el 20% de crecimiento verdadero que hiciste. Luego la puerta se cierra suavemente.

Ahora tu vida mejorará, relativamente hablando, y se enriquecerá de satisfacción verdadera. Este es el tipo de satisfacción que ya probaste antes, en el Jardín del Edén. De verdad. Créeme. Es transformadora. Profundamente amorosa. Te abre los ojos. Te preguntarás por qué nunca buscaste antes este tipo de satisfacción.

En realidad, se te ocultó intencionalmente por motivos relacionados con el libre albedrío. El hecho es que a lo largo de toda tu vida no has sido quien fuiste creado para ser; es decir, no en un sentido Divino. Sólo tomaste. Aun cuando realizabas acciones positivas, éstas estaban motivadas por obtener la aprobación de los demás, alabanzas u honores; o para devolver un favor. Tu nombre en un edificio; una placa; una desgravación fiscal; o simple placer egoísta. No hay nada malo con el placer. Sólo que el placer egoísta no dura.

Todos ustedes son criaturas de confort. ¿Sabes por qué? Porque esos son tu origen y tu hogar verdaderos, así como tu destino final. El confort y la autocomplacencia son el lugar del cual viniste y donde acabarás, si juegas bien tus cartas. Pero en el corto plazo, son un obstáculo en el camino. Te impiden entrar en la caja fuerte.

Así que las pruebas deben ser incómodas. Deben sacarte de tu zona de confort. El crecimiento no puede producirse cuando estás chupándote el dedo y agarrando con fuerza tu manta. Tienes que odiar la sola idea de lo que te está retando.

Después de hacerlo, te sentirás diferente. Pero ni un segundo antes.

¿QUÉ SIGNIFICAN LAS PRUEBAS AHORA MISMO?

Por hoy, una prueba puede significar que por una vez has soltado tu ira. Te dolerá. Será incómodo. Después de todo, enfadarse se siente tan bien. Pero cuando frenas tu lengua, estás transformándote de una criatura controlada por mí a una controlada por tu alma.

Por hoy, pasar una prueba puede significar que haces tu trabajo en la oficina con el fin de crecer y mejorar, o con la intención de ayudar a la empresa, y no porque te sientes obligado o por miedo. El cheque que recibas será un Efecto automático de tus acciones.

De la misma forma, pasas una prueba cuando pagas bien a tus empleados porque quieres que sean lo mejor que pueden llegar a ser. Quieres que se sientan bien consigo mismos y con todo lo que hacen para que puedan prosperar, junto con tu empresa, y de esta forma puedas contratar a más personas y enriquecer sus vidas.

Eres como Dios cuando fabricas productos para enriquecer las vidas de los demás, no para obtener un beneficio. El benefició vendrá, pero debe ser el Efecto y no la Causa de tu trabajo.

¿Entiendes cuál es el cambio de conciencia aquí?

Durante 2.000 años, fijaste tu objetivo en el blanco equivocado. Lo hiciste todo al revés. Y por culpa de eso sangraste.

Lo sé. Nadie que esté en su sano juicio piensa así. ¿Sabes por qué?

¡Porque yo he sido el "sano juicio" de todo el mundo durante miles de años!

2.000 AÑOS DE RECIBIR

El mundo entero ha caído bajo un hechizo; uno tan poderoso que le ha vuelto ciego a la realidad verdadera. Ese hechizo se llama *ego*. Y la naturaleza del ego es recibir. Cada acción a lo largo de la historia, cada pensamiento y flujo de conciencia, ha estado basado en el interés propio. Y este el es motivo por el cual no has experimentado un mundo de paz y milagros infinitos. Pero tengo noticias para ti. El caos no es lo normal, y los milagros son la verdadera expresión de la naturaleza. Es sólo que todavía no has averiguado cómo activar esos milagros. Pues bien, ahora ya lo sabes. El cambio de conciencia es el método.

Cuando cambias tu conciencia de recibir y de interés propio (yo) por una de compartir incondicional y comportamiento desinteresado (Dios), extraes la satisfacción verdadera de la vida.

Y ahora viene la parte verdaderamente alucinante.

EL EFECTO SATISFACCIÓN

La misma satisfacción que extraes de la caja fuerte tiene un beneficio adicional. Produce un efecto secundario. De hecho, la satisfacción que sientes contribuirá a erradicarme más. Así que, no sólo te da una alegría profunda, sino que me debilita a mí.

Ahora tienes una doble ventaja. La misma alegría que recibes transforma tu conciencia suavemente y a la perfección para que puedas recibir todavía más alegría.

Te estoy diciendo cómo terminar con mi mandato con un perjuicio extremo. En tu próxima prueba, trabaja un poco más duro. Esta vez, dedica el 35% a dar y a crecer de verdad. Esto mantiene abierta la caja fuerte por más tiempo para que puedas tomar aun más tesoros eternos. Este flujo Divino de satisfacción te hace más feliz de lo que nunca imaginaste, y además niega aun más mi poder e influencia sobre ti. ¿Te das cuenta de lo que está sucediendo?

Estás volviéndote más y más feliz, mientras yo me vuelvo cada vez más débil. ¡Cada prueba te acerca más al 100% definitivo!

LA MAGIA

Para saber cómo maximizar tu tiempo en la caja fuerte es necesario que entiendas completamente la idea de "Ama a tu prójimo como a ti mismo". Durante 2.000 años, nadie ha tenido ni idea de lo que esto significa. Les sonaba bello, cálido y acogedor. Pero sólo era algo a lo que podían aspirar. Y esto va a cambiar.

La mayor parte del tiempo te pones a ti primero, ¿verdad? Cuando piensas en los demás igual que piensas en ti mismo, entonces también pones primero a los demás. Compartes con ellos de la misma forma que compartes contigo mismo. Ciertamente, esto es codicia, pero es una codicia invertida y al revés. Es una codicia convertida en un acto supremo de compartir. ¡Y qué irónico es que yo sea el que te haga entender lo que Moisés, Jesús y el profeta Mahoma intentaron decirte durante tantos siglos!

¡"Ama a tu prójimo como a ti mismo" es la llave maestra que abre esa caja fuerte luminosa y llena de Luz que ha permanecido oculta desde los inicios del mundo! Y contiene un flujo interminable de felicidad, una satisfacción, una serenidad, un placer abundante, una paz mental profunda y una risa dichosa que nunca hubieses soñado ni en un millón de años.

Y ahora viene la recompensa; y ésta incluye la inmortalidad.

¿Por qué? ¿Cómo?

Es muy simple. El Tesoro que está dentro de la caja fuerte está hecho de un flujo infinito e interminable de Energía Divina. Eso significa que cuando la caja fuerte permanece abierta eternamente, tú atraes y te nutres eternamente del sustento Divino. Tú sigues compartiendo y Dios sigue dando…por siempre.

LA CAJA FUERTE, EL SOL Y LA SEGUNDA LEY DE LA TERMODINÁMICA

La Segunda Ley de la Termodinámica es algo curioso. Los físicos dicen que con el paso del tiempo, los sistemas tienden hacia el desorden, lo cual es el motivo de que las cosas se desgasten y se estropeen. De lo que no se dan cuenta es que eso sólo ocurre debido a la existencia del espacio y el tiempo, dos conceptos creados por mí.

Así es cómo funciona: yo hago que reacciones y recibas egoístamente, y la energía involucrada se disipa lentamente. Sin embargo, cuando alguien comparte, se inyecta energía en el sistema. En lugar de ocasionar el deterioro lento y la muerte, ocasiona la vida. Cuando extraes de forma continua de la caja fuerte, la energía fluye continuamente. Por consiguiente, la tendencia hacia el caos descrita por la Segunda Ley de la Termodinámica será postergada por siempre. Y la energía que fluye hacia nuestro mundo sustentará por siempre la vida y aumentará la felicidad y el placer en este sagrado planeta.

SIN FAVORES

A estas alturas debería estar claro: cuando amas incondicionalmente a otra persona, no le estás haciendo ningún favor. Esa es la paradoja. Te estás haciendo el favor a ti mismo. El favor supremo. Estás practicando el tipo de codicia más desinteresado que existe: la codicia por la Luz del Creador mediante el destierro del ego. Eliges la satisfacción verdadera mediante actos de compartir, en vez de escoger el egoísmo insensato a cambio de un poco de botín del *Satán*.

OBSEQUIO GRATUITO CON LA COMPRA

Considera este próximo fragmento como un obsequio gratuito con la compra de este libro.

Ahí va tu regalo: unas cuantas sugerencias de valor inestimable, para que hagas con ellas lo que quieras. Primero, da las gracias al tío *Satán* por haber salido a la luz después de milenos de ingenioso ocultamiento. Luego, echa una propina en la gorra de Dios por haberte creado y haberte permitido sacar provecho finalmente de esta sabiduría. De hecho, hazlo ahora mismo. Tómate un momento y agradécenos a ambos que te hayamos dado la oportunidad de existir y de ganarte los milagros que vienen hacia ti.

Ahora, comparte mi libro. Mete la mano en tu bolsillo y compra un ejemplar para otra persona. No lo recomiendes. Cómpralo. Con tu propio dinero.

¿Por qué? Este es el acto más profundo de compartir que puedas llevar a cabo, porque estás compartiendo nada menos que el secreto de la inmortalidad con otro ser humano.

No hay un acto más incondicional que ese. Además, lo estás haciendo desde la codicia invertida, la cual, como ya aprendiste, te da todo lo que quieres.

No, este no es un desvergonzado argumento para estimular las ventas. Yo no obtengo regalías sobre este libro. Tú eres el que obtendrá todos los beneficios, si sigues mis consejos. El rendimiento de tu inversión transformará tu vida de formas milagrosas. Y serás testigo de cómo cosas extraordinarias suceden por todo el mundo. En las noticias. En los periódicos. Observa y verás.

Para no mencionar que un acto de compartir elimina cualquier deuda (y duda) kármica previa que puedas haber acumulado tras muchos años y vidas de aceptar el botín. Créeme. El mundo tiene una deuda enorme que a estas alturas debía haberles llevado a todos a su destrucción total y absoluta. Compartir mi libro asegurará que su deuda se pague fácilmente. Estoy hablando de un plan de pago que te dejaría asombrado si supieras lo que sucede a nivel cósmico. No hay otra institución de préstamo por ahí que pueda igualar los términos de Dios.

CAPÍTULO VEINTIDÓS:
FINALES FELICES

Las historias más grandiosas son aquellas con final feliz. En realidad, a nadie le gusta un final infeliz o terrorífico. A Dios tampoco. Ni siquiera a mí me gustan. Y estoy seguro de que a ti tampoco te gustan; especialmente cuando se trata de la historia de tu propia vida. Por lo tanto, estarás contento de saber que la historia más grande jamás contada (la joya de libro que estás leyendo ahora mismo) también llega a un final cursi y feliz. La típica fórmula, sí. Pero es la fórmula de Dios; y yo no puedo reescribirla.

Sin pesimismo ni tristeza, sin monstruos del espacio exterior, bolas de fuego ni virus devoradores de carne. Claro, todas esas cosas ayudan a crear grandes películas, y yo he disfrutado (inmensamente) de la perpetuación de esos cuentos apocalípticos. Pero dejando la diversión a un lado, hay una razón más profunda por la cual proyecté esas imágenes en tu cabeza. Lo hice para que pudieras rechazar el pesimismo y la tristeza, elevarte por encima de ellos y, en su lugar, alcanzar la felicidad.

Con el paso de los siglos, has sufrido, pero sólo te acercabas cada vez más al desastre porque carecías del conocimiento que te he revelado en este libro.

Pero ahora lo sabes todo. No más excusas. "Para siempre" empieza ahora. El mundo ha culpado durante siglos a *Satán* de toda la maldad que hay en el mundo. Pero ya no más. Se acabó. Suelta el arma. Desmantela la bomba sucia. Y sal de debajo de las mantas.

Tu mundo te está esperando para que lo crees.

Ah, pero antes de irme, quiero decirte una última cosa...

CAPÍTULO VEINTITRÉS:

MI GRAN ANUNCIO

Una verdadera autobiografía se escribe cuando la vida y la carrera de una persona están por terminar; no como los famosos, que escriben sus memorias cuando todavía están en los treinta o los cuarenta. Qué arrogante y pretencioso, ¿no? Como sabes, he jugado en este Juego por más de 5.000 años. Estoy agotado. Además, sé que al final estoy destinado a perder, así que, ¿para qué alargar este genocidio, dolor y sufrimiento por más tiempo?

Vamos a ir al grano, ¿les parece? Agárrense al asiento, chicos.

Me estoy retirando.

Ahora todo cobra sentido, ¿verdad? Las revelaciones potencialmente dañinas. La franqueza. Sí, voy a dimitir. Estoy preparado para mi fiesta de despedida y mi plan de pensiones. Después de todo, hice mi trabajo. Y lo hice bien. Casi demasiado bien. Y ahora ya lo acabé. Finito. Goodbye. Hasta luego, tontos. Ha sido increíble.

No voy a lanzarles un meteorito al tiempo que me voy. O convencerles de que disparen un arma nuclear. O darles un susto de muerte. Ahora que ya revelé las Reglas del Juego y mi verdadero propósito, todo eso puede llegar a su final. Todo el mundo simplemente leerá mi libro y difundirá la buena palabra con una velocidad exponencial. Y tú elegirás, por ti mismo, crear y entrar en un mundo nuevo, milagroso y lleno de amor; y lo harás perfectamente, sin esfuerzo y ridículamente alegre.

EPÍLOGO:

Una confesión final.

¡Psst! Acércate un poco más. Tengo un secreto para ti.

¿Quieres saber cómo conseguí mi trabajo?

> *Yes, I'm just a soul whose intentions are good*
> *Oh Lord, please don't let me be misunderstood.*
> [Sí, solo soy un alma cuyas intenciones son buenas
> Oh, Señor, por favor no dejes que sea un incomprendido].
> —The Animals

Lo siento, no lo pude evitar. No soy un alma; soy un ángel y, a pesar de las apariencias, mis intenciones siempre han sido buenas. Y todavía lo son. Así que, ¿qué hace un ángel bueno como yo en un lugar tan abandonado de la mano de Dios como este?

¡Yo mordí la manzana primero!

Así es, antes de que Adán y Eva dieran su mordisco, lo di yo. Por eso Dios me asignó la tarea de ayudarte a superar tu vergüenza después de que Adán y Eva fueran por el mismo camino. Por un lado, yo conocía muy bien su vergüenza. Y por otro, al ayudarles a ustedes, me estaba ayudando a mí mismo. Es curioso cómo esas Leyes Universales funcionan para todo el mundo, ¡incluso para mí! Y ahora, con un poco de tu ayuda, puedo disfrutar del mundo tal como fue creado para ser.

¡Gracias por escucharme, y que disfrutes!

Más Libros que pueden ayudarte a incorporar la sabiduría de la Kabbalah a tu vida

El Poder de Kabbalah (Revisado y Actualizado)
Por Yehuda Berg

La realidad que conocemos es la realidad física, es decir, la realidad en la que vivimos. Sin embargo, hay otra dimensión, el mundo más allá de los cinco sentidos. Todo lo que realmente deseamos: amor, felicidad, paz mental, libertad, inspiración y respuestas, todo está a nuestro alcance cuando nos conectamos con esta otra realidad. El problema es que la mayoría de nosotros se desconectó de esa dimensión sin querer. Imagina que fuese posible tener acceso a esa fuente a voluntad y continuamente, ese es el poder de la Kabbalah. Este libro fundamental tiene nuevo contenido y es más aplicable a los desafíos actuales. Usa los ejercicios presentes en el libro para liberarte de creencias y hábitos comunes que te llevan a tomar malas decisiones. Los lectores descubrirán cómo hacer que sus acciones vayan de acuerdo con su propósito principal y serán más concientes de las posibilidades infinitas dentro de su propia vida.

Ser como Dios
Por Michael Berg

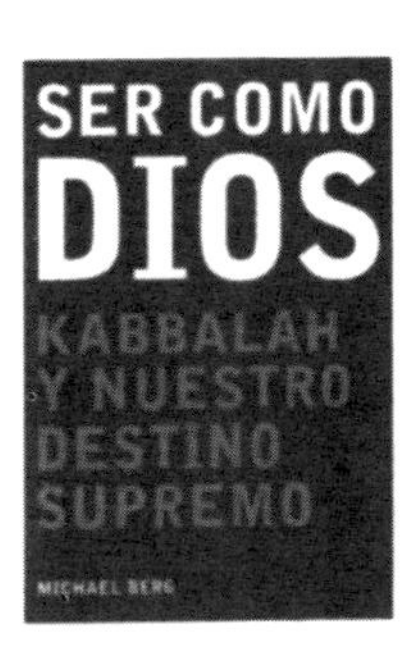

Ser como Dios ofrece una perspectiva kabbalística para convertirnos en seres completamente poderosos. Escrito con extraordinaria claridad, Michael Berg presenta un método lógico para alcanzar nuestro derecho supremo de nacimiento. Al revelar esta oportunidad a la humanidad, Michael enfatiza maneras para desarrollar nuestros atributos divinos y para minimizar el aspecto de nuestra naturaleza (nuestro ego) que interfiere con nuestro destino. Con su típico estilo conciso, Michael nos entrega la respuesta a la pregunta eterna acerca de por qué estamos aquí: para ser como Dios.

El Zóhar

Creado hace más de 2.000 años, el Zóhar es un compendio de 23 volúmenes y un comentario sobre asuntos bíblicos y espirituales, escrito en forma de conversaciones entre maestros. Fue entregado por el Creador a la humanidad para traernos protección, para conectarnos con la Luz del Creador y, finalmente, cumplir nuestro derecho de nacimiento: transformarnos. El Zóhar es una herramienta efectiva para alcanzar nuestro propósito en la vida.

Hace más de ochenta años, cuando el Centro de Kabbalah fue fundado, el Zóhar había desaparecido virtualmente del mundo. Hoy en día, todo eso ha cambiado. A través de los esfuerzos editoriales de Michael Berg y El Centro de Kabbalah, el Zóhar está disponible en su arameo original y, por primera vez, en inglés y español con comentario.

Enseñamos Kabbalah, no como un estudio académico, sino como un camino para crear una vida mejor y un mundo mejor.

QUIÉNES SOMOS:

El Centro de Kabbalah es una organización sin fines de lucro que hace entendibles y relevantes los principios de la Kabbalah para la vida diaria. Los maestros del Centro de Kabbalah proveen a los estudiantes con herramientas espirituales basadas en principios kabbalísticos que los estudiantes pueden aplicar como crean conveniente para mejorar sus propias vidas y, al hacerlo, mejorar el mundo. El Centro fue fundado en el año 1922 y actualmente se expande por el mundo con presencia física en más de 40 ciudades, así como una extensa presencia en internet. Para conocer más, visita es.kabbalah.com.

QUÉ ENSEÑAMOS

Existen cinco principios centrales:

- **Compartir:** Compartir es el propósito de la vida y la única forma de verdaderamente recibir realización. Cuando los individuos comparten, se conectan con la fuerza energética que la Kabbalah llama Luz, la Fuente de Bondad Infinita, la Fuerza Divina, el Creador. Al compartir, uno puede vencer el ego, la fuerza de la negatividad.

- **Conocimiento y balance del Ego:** El ego es una voz interna que dirige a las personas para que sean egoístas, de mente cerrada, limitados, adictos, hirientes, irresponsables, negativos, iracundos y llenos de odio. El ego es una de las principales fuentes de problemas ya que nos permite creer que los demás están separados de nosotros. Es lo contrario a compartir y a la humildad. El ego también tiene un lado positivo, lo motiva a uno a tomar acciones. Depende de cada individuo escoger actuar para ellos mismos o considerar también el bienestar de otros. Es importante estar conscientes de nuestro ego y balancear lo positivo y lo negativo.

- **La existencia de las leyes espirituales:** Existen leyes espirituales en el universo que afectan la vida de las personas. Una de estas es la Ley de causa y efecto: lo que uno da es lo que uno recibe, o lo que sembramos es lo que cosechamos.

- **Todos somos uno:** Todo ser humano tiene dentro de sí una chispa del Creador que une a cada uno de nosotros a una totalidad. Este entendimiento nos muestra el precepto espiritual de que todo ser humano debe ser tratado con dignidad en todo momento, bajo cualquier circunstancia. Individualmente, cada uno es responsable de la guerra y la pobreza en todas partes en el mundo y los individuos no pueden disfrutar de la verdadera realización duradera mientras otros estén sufriendo.

- **Salir de nuestra zona de comodidad puede crear milagros:** Dejar la comodidad por el bien de ayudar a otros nos conecta con una dimensión espiritual que atrae Luz y positividad a nuestras vidas.

CÓMO ENSEÑAMOS

Cursos y clases. A diario, el Centro de Kabbalah se enfoca en una variedad de formas para ayudar a los estudiantes a aprender los principios kabbalísticos centrales. Por ejemplo, el Centro desarrolla cursos, clases, charlas en línea, libros y grabaciones. Los cursos en línea y las charlas son de suma importancia para los estudiantes ubicados alrededor del mundo quienes quieren estudiar Kabbalah pero no tienen acceso a un Centro de Kabbalah en sus comunidades.

Eventos. El Centro organiza y dirige una variedad de eventos y servicios espirituales semanales y mensuales en donde los estudiantes pueden participar en charlas, meditaciones y compartir una comida. Algunos eventos se llevan a cabo a través de videos en línea en vivo. El Centro organiza retiros espirituales y tours a sitios energéticos, los cuales son lugares que han sido tocados por grandes Kabbalistas. Por ejemplo, los tours se llevan a cabo en lugares en donde los kabbalistas pudieron haber estudiado o han sido enterrados, o en donde los textos antiguos como el Zóhar fueron escritos. Los eventos internacionales proveen a los estudiantes de todo el mundo la oportunidad de hacer conexiones con energías únicas disponibles en ciertas épocas del año. En estos eventos, los estudiantes se reúnen con otros estudiantes, comparten experiencias y construyen amistades.

Voluntariado. En el espíritu del principio Kabbalístico que enfatiza el compartir, el Centro provee un programa de voluntariado para que los estudiantes puedan participar en iniciativas caritativas, las cuales incluyen compartir la sabiduría de la Kabbalah a través de un programa de mentores. Cada año, cientos de voluntarios estudiantes organizan proyectos que benefician sus comunidades tales como alimentar a las personas sin hogar, limpiar playas y visitar pacientes de hospitales.

Uno para cada uno. El Centro de Kabbalah busca asegurar que cada estudiante sea apoyado en su estudio. Maestros y mentores son parte de la infraestructura educativa que está disponible para los estudiantes 24 horas al día, siete días a la semana.

Cientos de maestros están disponibles a nivel mundial para los estudiantes así como programas de estudio para que continúen su desarrollo. Las clases se realizan en persona, vía telefónica, en grupos de estudio, a través de seminarios en línea , e incluso con estudios auto dirigidos en formato audio o en línea.

Programa de mentores. El programa de mentores del Centro provee a nuevos estudiantes con un mentor para ayudarlo a comprender mejor los principios y las enseñanzas kabbalísticas. Los mentores son estudiantes experimentados quienes están interesados en apoyar a nuevos estudiantes.

Publicaciones. Cada año, el Centro traduce y publica algunos de los más desafiantes textos para estudiantes avanzados incluyendo el Zóhar, *Los escritos del Arí*, y las Diez emanaciones con comentario. Extraído de estas fuentes, el Centro de Kabbalah publica libros anualmente en más de 30 idiomas y a la medida de estudiantes principiantes e intermedios, las publicaciones son distribuidas alrededor del mundo.

Proyecto Zóhar. el Zóhar, texto principal de la sabiduría kabbalística, es un comentario de temas bíblicos y espirituales, compuesto y compilado hace más de 2000 años y es considerado una fuente de Luz. Los kabbalistas creen que cuando es llevado a áreas de oscuridad y de agitación, el Zóhar puede crear cambios y traer mejoras. El Proyecto Zóhar del Centro de Kabbalah comparte el Zóhar en 30 países distribuyendo copias gratuitas a organizaciones e individuos como reconocimiento de sus servicios a la comunidad y en áreas donde hay peligro. Más de 400,000 copias del Zóhar fueron donadas a hospitales, embajadas, sitios de oración, universidades, organizaciones sin fines de lucro, servicios de emergencia, zonas de guerra, locaciones de desastres naturales, a soldados, pilotos, oficiales del gobierno, profesionales médicos, trabajadores de ayuda humanitaria, y más.

Apoyo al estudiante:

Como la Kabbalah puede ser un estudio profundo y constante, es útil tener a un maestro durante el viaje de adquisición de sabiduría y crecimiento. Con más de 300 maestros a nivel internacional trabajando para más de 100 localidades, en 20 idiomas, siempre hay un maestro para cada estudiante y una respuesta para cada pregunta. Todos los instructores de Apoyo al estudiante han estudiado Kabbalah bajo la supervisión del Kabbalista Rav Berg. Para más información:

apoyo@kabbalah.com
twitter: @aprendekabbalah

es.kabbalah.com/ubicaciones
es.kabbalah.com

Información de Contacto de Centros y Grupos de Estudio

ARGENTINA:

Buenos Aires
Teléfono: +54 11 4771 1432 / 47774106 / 47729224
kcargentina@kabbalah.com
Facebook: KabbalahArg
Twitter: KabbalahArg

Corrientes
Teléfono: +54 3794 603 222

BOLIVIA:

La Paz
Teléfono: 591 2 2771631

CHILE:

Teléfono: 222152737
kcchile@kabbalah.com
Facebook: Centro de Kabbalah de Chile
Twitter: kabbalah_chile

COLOMBIA:

Bogotá
Teléfonos: +57 1 616 8604 / +57 1 649 6694
kcbogota@kabbalah.com
Facebook: Centro de Kabbalah Bogotá
Twitter: kabbalah_Co

Cali
Teléfono: 572 374 61 71

Medellín
Teléfonos: +57 4 311 9004 / +57 313 649 2898
kcmedellin@kabbalah.com
Facebook: Centro de Kabbalah Medellín

ESPAÑA:

Madrid
Teléfono: +34 9 1188 3526
kcspain@kabbalah.com
Facebook: Kabbalah Centre Spain
Twitter: KabbalahCentreSpain

MÉXICO:

D.F.
Teléfono: +52 55 5280 0511
kcmexico@kabbalah.com
Facebook: kabbalahmexico
Twitter: kabbalahmx

Guadalajara
Teléfonos: +52 33 3123 0976 / +52 33 2014 4063
kcguadalajara@kabbalah.com
Facebook: Centro de Kabbalah Guadalajara
Twitter: kabbalahgdl

Merida
kabbalahmerida@gmail.com
Facebook: Grupo de Kabbalah Merida

Monterrey
cursos@kabbalahmonterrey.com
Facebook: Grupo de Estudio Kabbalah Monterrey
Twitter: kabbalahmx

San Luis Potosí
kcsanluispotosi@kabbalah.com

Veracruz
Teléfonos: (55) 3466 7042 / (229) 265 7345
kabbalah.veracruz@gmail.com
Facebook: Kabbalah Veracruz
Twitter: kabbalahver

PANAMÁ:

Ciudad de Panamá
Teléfono: +507 396 5270
kcpanama@kabbalah.com
Facebook: Centro de Kabbalah de Panamá
Twitter: Kabbalah_Panama

PARAGUAY:

Asunción
Teléfono: +595 971 666 997 / +595 981 576 740
kcparaguay@gmail.com
Facebook: Kabbalah Centre Paraguay

PERÚ:

Lima
Teléfono: +51 1 422 2934
peru@kabbalah.com
Facebook: Centro de Kabbalah Perú
Twitter: kabbalahperu

PUERTO RICO:

San Juan
Teléfono: +1 787 717 0281
kcpuertorico@kabbalah.com
Facebook: Kabbalah Puerto Rico
Twitter: kabbalahpr

VENEZUELA:

Caracas
Teléfono: +58 212 267 7432 / 8368
caracastkc@kabbalah.com
Facebook: Centro Kabbalah Venezuela
Twitter: KabbalahVe

Maracay
Teléfono: +58 243-2685005
kc.maracay@kabbalah.com
kabbalahmaracay@yahoo.com

Valencia
Teléfono: +58 241 843 1746
venezuelatkc@kabbalah.com

CENTROS EN EUA:

Boca Ratón, FL +1 561 488 8826
Miami, FL +1 305 692 9223
Los Ángeles, CA +1 310 657 5404
Nueva York, NY +1 212 644 0025

CENTROS INTERNACIONALES:

Londres, Inglaterra +44 207 499 4974
Berlin, Alemania +49 30 78713580
Toronto, Canadá +1 416 631 9395
Tel Aviv, Israel +972 3 5266 800